Bruno Gideon Die Mokassins des Indianers

Von Bruno Gideon ist folgender Titel lieferbar:

Sicherheit statt Risiko
Wie Sie Ihr Geld schützen und sicher anlegen

Bruno Gideon

Die Mokassins des Indianers

Sich durchsetzen, ohne zu verletzen

Erfolgreiche Strategien für
Beruf und Alltag

Oesch Verlag

Die Deutsche Bibliothek – CIP-Einheitsaufnahme

Gideon, Bruno:

Die Mokassins des Indianers : sich durchsetzen,
ohne zu verletzen ; erfolgreiche Strategien für Beruf
und Alltag / Bruno Gideon. –
Zürich : Oesch, 1992

ISBN 3-85833-427-8

Schutzumschlag: Heinz von Arx, Zürich
Photo: P. Barton, © Zefa/Stockmarket, Zürich
Gestaltung und Herstellung: Hans Rudolf Ziegler, Zürich
Satz: Utesch Satztechnik GmbH, Hamburg
Druck und Bindung: Ueberreuter, Korneuburg
Printed in Austria

ISBN 3-85833-427-8

246531

Dieses Buch ist
meiner Frau Lucie gewidmet.
Sie hat mich gelehrt,
daß man sich auch im Geschäftsleben mit
Geduld und Warmherzigkeit
am wirkungsvollsten
durchsetzen kann.

Inhaltsverzeichnis

I

Der Blick hinter die Fassade …

Wie entlassen Sie Mitarbeiter, ohne böses Blut zu schaffen? Wie überzeugen Sie Ihren Chef, daß eine Lohnerhöhung fällig ist? Wie können Sie beim Kauf einer Liegenschaft verhindern, daß Ihnen andere zuvorkommen? Wie gehen Sie vor, um beim Einkauf einen Rabatt zu erhalten? Ihre Partnerin bzw. Ihr Partner möchte Ferien am Meer machen, aber Sie bevorzugen die Berge; wer setzt sich durch, wie und warum?

Wir alle kennen Leute, die fast alles erreichen, denen nahezu alles gelingt, was sie an die Hand nehmen, und die sich scheinbar mühelos durchsetzen. Wie machen sie das? Verfügen sie über besondere Fähigkeiten, die andere nicht erwerben können? Nein, das sind »Menschen wie du und ich«! Jeder Mensch kann lernen, sich durchzusetzen, und genau darum geht es in diesem Buch.

Vorsicht

Dieses Buch verschafft die Möglichkeit, hinter die Fassade der Menschen zu blicken und Personen, mit denen Sie zu tun haben, zu durchschauen. Geben Sie aber niemals zu erkennen, daß Sie diese Fähigkeit besitzen, sonst verunsichern Sie Ihre Mitmenschen und machen ihnen angst.

Während vieler Jahre ging ich zum selben Zahnarzt. Wir lernten uns näher kennen und führten regelmäßig interessante Gespräche über Gott und die Welt. Eines Tages vertraute er mir an, daß er visionäre Fähigkeiten besitze und alle Probleme, Ängste und Hoffnungen seiner Patienten glasklar vor sich sehe. Ich weiß nicht, ob er die Wahrheit gesprochen oder vielleicht nur geflunkert hat, aber von diesem Tag an ging ich nicht mehr zu ihm. Er war mir unheimlich geworden.

*

Die in diesem Buch beschriebenen Regeln haben allgemeine Gültigkeit und sind so verständlich dargestellt, daß alle Leserinnen und Leser, ungeachtet ihrer Ausbildung, davon profitieren können. Es werden Fallbeispiele geschildert und Methoden verraten, die direkt aus der Praxis stammen und vielen Menschen nicht bekannt sind. Jedes Kapitel ist in sich geschlossen und kann für sich durchgearbeitet werden. Schritt um Schritt werden Sie zu immer besseren Resultaten geführt.

Ich bin der absoluten Meinung, daß hartes Sichdurchsetzen der falsche Weg ist, daß damit nur Widerstände und neue Probleme geschaffen werden, die früher oder später auf uns zurückschlagen. Sich durchzusetzen ist ein kreativer Prozeß, der neue Ideen und eine neue, unkonventionelle Art des Denkens erfordert. Viele meiner langjährigen, persönlichen Erfahrungen sind in diesem Buch verarbeitet.

Sich durchzusetzen, wie es in diesem Buch beschrieben wird, ist eine ganzheitliche Methode, bei der sämtliche Fähigkeiten eines Menschen eingesetzt werden müssen. Ganz bewußt wurde deshalb darauf verzichtet, isolierte Techniken, zum Beispiel »aktives Zuhören«, die »Win-win-Methode« und andere, ausführlich zu behandeln. Wer diese Methoden kennenlernen möchte, dem steht eine große Auswahl weiterer Bücher zur Verfügung.

Die Erfahrung zeigt, daß einzelne Techniken, für sich allein angewandt, nicht zum Erfolg führen können, weil sie nur Teilaspekte abdecken. Sanftes Durchsetzen ist mehr: die richtigen Fragen stellen, überzeugen, zuhören können, ein »Nein« nicht akzeptieren, Informationen beschaffen und aktiv sein Umfeld beeinflussen. Das heißt: gewinnen wollen, verlieren können und vieles mehr. Und auch dort nachzugeben, wo es sinnvoll ist.

Vielleicht ist der andere auch ein Profi?

Die Floskel »Es wird schon irgendwie gehen« genügt nicht, denn der andere kennt vielleicht die Regeln des Spiels und könnte deshalb am längeren Hebel sitzen. Wenn Sie dieses Buch durchgearbeitet haben, sind die Spieße gleich lang. Denken Sie stets daran: Bei allen Problemen gibt es meistens jemand, der genau das Gegenteil Ihrer Zielsetzung erreichen will. Wenn Ihre Gewinnchancen gut sein sollen, müssen Sie sich auf ein Kräftemessen einlassen.

Nach der Lektüre dieses Buches werden Sie sich vielleicht fragen, ob der Autor nicht leichtfertig handelt, wenn er die geheimen Tips, die nur wenigen Leuten bekannt sind und die immer wieder erfolgreich angewandt werden, verrät. Die Antwort ist ein klares, eindeutiges »Nein«, denn je mehr Menschen sich sanft durchzusetzen wissen, desto höher wird das allgemeine Niveau der Auseinandersetzung und desto mehr Leute sind gezwungen, sich durch Überzeugung durchzusetzen statt nur durch die Ausnützung ihrer Machtposition. Und dies sowohl in der Hierarchie von oben nach unten als auch umgekehrt. *Je autonomer Sie sind, desto weniger lassen Sie sich durch Macht und List beeinflussen.* Dies aber wird die Qualität zwischenmenschlicher Beziehungen verbessern. Das ist mein Ziel und gleichzeitig auch meine Legitimation.

Wenn Ihnen bei der Lektüre dieses Buches etwas auffällt, das Sie kommentieren möchten, wenn Sie Verbesserungsvorschläge haben oder wenn Ihnen dank der Empfehlungen dieses Buches irgend etwas besonders gut gelungen ist, schreiben Sie mir. Ich freue mich über jede Meinungsäußerung aus dem Kreis der Leserinnen und Leser. Ihr Brief erreicht mich, wenn Sie ihn wie folgt adressieren:

Bruno Gideon
c/o Oesch Verlag
Klausstraße 10
CH-8008 Zürich

1.1

Weshalb wir (beinahe) ohne Befehle auskommen

Sich sanft durchzusetzen heißt: *unter Wahrung der Autonomie des Partners* handeln und verhandeln. Davon spricht dieses Buch. Sie werden feststellen, daß diese sanfte Art bedeutend wirkungsvoller ist als der Befehl, denn befehlen ist nichts anderes als die *Anwendung von Gewalt.* Für diese Methode brauchen wir kein Buch, sondern nur die Skrupellosigkeit, unsere Macht rücksichtslos einzusetzen. Aber Vorsicht, auch die subtile Art der Durchsetzung hat ihre Brisanz.

Mit einem Messer kann man Kartoffeln schälen oder Brot schneiden. Mit demselben Messer aber könnten Sie auch einen Menschen umbringen.

Ähnlich verhält es sich mit den in diesem Buch beschriebenen Methoden, die unser Durchsetzungsvermögen verbessern können. Sie können sie, zumindest teilweise, auch benutzen, um Macht durchzusetzen, aber Sie sollten sich darüber keine Illusionen machen; die Durchsetzung mittels Befehl ist nur in seltenen, echten Notlagen gerechtfertigt. Wenn ein Flugzeug notlanden muß, wird niemand bezweifeln, daß die Befehle des Kapitäns ohne Widerrede befolgt werden müssen und daß jede andere Art, sich durchzusetzen, falsch, ja lebensgefährlich wäre. In einer solchen Notlage besteht Übereinstimmung zwischen dem Wunsch der Passagiere und der starken Hand des Kapitäns; alle werden sich fügen. Wenn aber der Kapitän auf einer Kreuzfahrt in eigener Regie eine andere Route wählt und dies kraft seiner Machtposition auch erzwingt, dann hat er sich zwar kurzfristig durchgesetzt, langfristig aber wird er mit Unannehmlichkeiten rechnen müssen ...

Befehlen ist teuer

Natürlich ist es bequem, anderen einfach zu befehlen. Das fällt vor allem im Umgang mit Untergebenen und Abhängigen leicht. Doch seien Sie sich bewußt: Dies ist die teuerste Art, sich durchzusetzen. Sich allein mit Machtmitteln zu behaupten ist unklug und wirkt nur kurzfristig, weil die Folgen vergessen werden. Wer Anordnungen befolgen muß, die nicht akzeptabel sind, hat nur zwei Möglichkeiten, sich zu wehren: entweder zu resignieren und seine Aggressionen zu verdrängen (aber diese sind nur verdrängt und werden sich wieder zeigen) oder aber passiven Widerstand zu leisten. Beide Verhaltensformen aber schaden der Sache.

Max, Lehrling in einer Weinhandlung, mußte wiederholt die für ihn unverständlichen Befehle eines autoritären Lehrmeisters ausführen. Um seine Ohnmacht gegen diese Anordnungen abzureagieren, köpfte Max jeweils insgeheim ein paar Flaschen des teuersten Weins, Château Mouton Rothschild, und schüttete den Inhalt in den Ablauf. Reine Sachbeschädigung also, ohne jede Bereicherungsabsicht und scheinbar völlig sinnlos.

Der »kleine Mann«, der sich mit den Befehlen seiner Vorgesetzten nicht identifizieren kann, »rächt« sich sehr oft durch passiven Widerstand, oft sogar durch mutwillige Sachbeschädigung.

Wo aber zwei relativ gleichwertige Partner miteinander zu tun haben, beispielsweise Ehemann/Ehefrau, Kundin/Lieferant, Einkäufer/Verkäuferin, gelingt es in den seltensten Fällen, sich mit Gewalt durchzusetzen. Hier muß Gewalt durch Einfühlungsvermögen, Überzeugungskraft und Kreativität ersetzt werden.

Das sind Mittel und Fähigkeiten, die zwar einen hohen Anspruch stellen, die Sie aber erlernen können. Wie gesagt, es gibt immer jemand, der die andere Seite vertritt; es wäre ein grober Fehler, ihn zu unterschätzen, denn es könnte ja sein, daß er über die gleiche oder gar reichere Erfahrung verfügt als Sie. Es genügt deshalb nicht zu wissen, wie Fragen zu stellen sind, Sie müssen auch die richtigen Antworten geben können. Es reicht nicht aus, ein »Nein« nicht zu akzeptieren; Sie müssen auch wissen, wie ein »Nein« vermieden werden kann. Sie sollen nicht nur gut reden, sondern auch überzeugend zuhören können.

Dieses Buch gibt viele Anregungen und praktische Beispiele. Und wenn Sie es durchgelesen haben, stehen Sie erst am Anfang. Mit andern Worten: Sie haben zwar den Führerschein, aber die Routine wird sich erst mit der Praxis einstellen. Üben Sie deshalb laufend, und nutzen Sie jede Gelegenheit, sich auf subtile Art durchzusetzen. Die Menschen, mit denen Sie sich später messen werden, tun es auch.

*

Zusammenfassung

In diesem Kapitel wird begründet, weshalb die Durchsetzung unserer Ideen und Wünsche mittels Gewalt (Befehlen), obwohl für den Moment scheinbar einfach und rationell, auf Dauer nur Probleme schafft. Immer dann, wenn wir uns auf Kosten der Autonomie des Partners durchsetzen, müssen wir dies schließlich teuer bezahlen.

1.2

Ein Fragespiel

Ich habe die Fragen und Antworten in diesem Kapitel zusammengestellt, um Sie zum selbständigen Nachdenken über einige wichtige Aspekte des Durchsetzens anzuregen. Lesen Sie sie locker, zu Ihrem eigenen Vergnügen, sozusagen als Einstimmung auf das Thema.

Frage 1: Sind Sie ein guter Verlierer bzw. eine gute Verliererin?

Sich durchzusetzen ist eine Fähigkeit, die Sie nicht mit Verbissenheit erlernen sollen. Betrachten Sie es als Sport. Wer denkt schon daran, wenn er einen strahlenden Sieger sieht, daß dessen Weg zum Ziel mit unzähligen Niederlagen gepflastert war? Niederlagen gegen den eigenen Körper, gegen die Konkurrenz, gegen Neid, Ungerechtigkeiten oder Mißgunst. Nur weil jemand jede einzelne dieser Niederlagen überwunden hat, konnte er zum Sieger werden. Kein Mensch kann immer und überall gewinnen. Deshalb gehört auch das sportliche Verlieren zum Gewinnen.

Nur wer zu verlieren versteht,
kann sich
erfolgreich durchsetzen.

Diese Grundeinstellung müssen wir unbedingt und stets beherzigen, denn sie bewahrt uns unsere Flexibilität. Nicht die Mentalität »Sieg um jeden Preis« ist erwünscht, sondern die Fähigkeit, einen Schritt zurück und zwei Schritte vorwärts gehen zu können.

Dies ist gar nicht so einfach, wie es uns auf den ersten Blick erscheinen mag. Bedenken Sie, wie viele unsinnige Rechtsstreitigkeiten oder gar Kriege aus reinem Prestigedenken bis zum bitteren Ende durchgekämpft werden, nur weil keine Partei nachgeben will. Im Gegensatz dazu wird der langfristig denkende Gewinner dem Verlierer die Möglichkeit geben, das Gesicht zu wahren.

Ich erwähne an dieser Stelle eine Regel, die für uns von allergrößter Wichtigkeit ist:

Oft führt der Weg voran
über einen Schritt zurück.

Meist ist es ökonomischer und intelligenter nachzugeben, einen Schritt zurück zu gehen und neue Kräfte zu sammeln. Dazu aber braucht es eine emotionslose Analyse der Situation und unseren Verzicht auf Prestigedenken. Trotzdem gibt es triftige Gründe, sich auch in »unwichtigen« Angelegenheiten durchzusetzen. Drei dieser Gründe, scheinbar gegen die Vernunft zu handeln, möchte ich aufzeigen:

1. Wenn es um die eigene Glaubwürdigkeit geht

Die eigene Glaubwürdigkeit muß unter allen Umständen erhalten bleiben. Die Zielsetzung, nicht als »Papiertiger« dazustehen, ist so wichtig, daß es sich auch dann lohnt, sich durchzusetzen, wenn Sie dies aus Vernunftgründen vielleicht nicht tun würden. Im Kapitel 3: »So setzen Sie sich durch« finden Sie weitere Hinweise zum Thema Glaubwürdigkeit.

2. Wenn Sie dadurch Ihrem Hauptziel näher kommen

Oft ist es nötig, die »Spielregeln« bekanntzugeben. Dann kann es auch sinnvoll sein, sich in einer harmlosen und vielleicht unwichtigen Angelegenheit durchzusetzen. Das hat den Vorteil, daß es dann bei größeren Anliegen um so einfacher geht.

3. Um unser Durchsetzungsvermögen zu stärken

Dies aber nur, wenn wir mit unseren »Übungen« den Partner nicht verletzen.

Frage 2:
Können Sie aus Ihren eigenen Fehlern lernen?

Ein Erlebnis, das viele Jahre zurückliegt:

Ich arbeitete als kleiner Angestellter am Empfang eines Hotels im Zentrum von Zürich, als mir ein bekannter Unternehmer die Stellung eines Einkaufschefs in seiner Firma anbot. Ich akzeptierte sofort, denn dies war für mich die Gelegenheit, auf die ich schon lange gewartet hatte. Der Unternehmer versprach, mit mir wegen des Lohnes noch Kontakt aufzunehmen. Ich erinnere mich sehr gut an den Tag, als er mich anrief. Es herrschte gerade Hochbetrieb am Empfang, zahlreiche Gäste wollten zur selben Zeit bedient werden. Als das Telefon läutete, war kein Hotelgast am Apparat, sondern mein zukünftiger Arbeitgeber, der mir einen Monatslohn von 900 Franken anbot. Weil viele Gäste ungeduldig warteten, wollte ich das Problem rasch vom Tisch haben, sagte schnell »ja, einverstanden« und arbeitete weiter. Erst einige Zeit später, in einem ruhigen Moment, realisierte ich, auf welch lächerliches Angebot ich eingegangen war. Mein Ärger kam zu spät. Ich hatte mein Wort gegeben. Es kostete mich ein volles Jahr, bis der Lapsus ausgeglichen war.

Seit diesem Tag verwende ich in einer kritischen Situation immer reflexartig einen unverbindlichen Satz, zum Beispiel: »Darf ich Sie zurückrufen?« oder »Kann ich Sie morgen erreichen?« oder »Wie lange sind Sie noch im Büro erreichbar?« Dieses System der Denkpause hat mir mehr eingebracht, als mich jenes Jahr gekostet hat. Es ist kein Drama, zu verlieren, denn meist ergibt sich eine zweite Chance; hüten Sie sich deshalb davor, in quälende Selbstvorwürfe zu versinken.

Frage 3: Können Sie sich von belastender Selbstkritik befreien?

Wenn sich herausstellt, daß eine Ihrer Entscheidungen falsch war, dürfen Sie keine Energie verschwenden mit Selbstvorwürfen, sondern sollten sich auf drei Dinge konzentrieren:

1. den Schaden begrenzen und
2. es nochmals (auf einem andern Weg) versuchen.

Damit kennen Sie bereits die allerwichtigste Regel des Durchsetzens, die im Kapitel »NEIN heißt JEIN« ausführlich behandelt wird. Zu einem späteren Zeitpunkt, wenn Sie nicht mehr unter dem Druck der Situation oder unter dem Schmerz der Enttäuschung stehen, sollten Sie noch einen weiteren Punkt hinzufügen, nämlich:

3. den Fehler analysieren.

Frage 4: Denken Sie langfristig?

Zwischen kurz- und langfristigem Denken liegt ein gewaltiger Unterschied. Die Energie, die Sie zum Durchsetzen aufwenden, setzen Sie nur dann sinnvoll ein, wenn Sie über einen längeren Zeitpunkt auf ein wichtiges Ziel hinarbeiten. Beim kurzfristigen Denken orientieren Sie sich am Einzelerfolg. Beim langfristigen Denken konzentrieren Sie sich auf eine Kette von Ereignissen, die alle auf das endgültige Ziel gerichtet sind. Ob Sie in einzelnen Ereignissen obsiegen oder verlieren, ist nebensächlich, solange Sie damit einen Schritt in die richtige Richtung tun und das Ziel nicht aus den Augen verlieren. Wie gesagt, es ist weder möglich noch erwünscht, immer und überall zu gewinnen. Gewinnen kann jeder, aber ein guter Verlierer zu sein ist oft sehr viel schwieriger.

Ich erinnere mich an einen Satz meines 12jährigen Neffen Pascal, der mich beim Spielen mit unserem Hund beobachtete. Er hatte die Sache mit dem Gewinnen und Verlieren intuitiv erfaßt, als er mir zurief: »Laß ihn doch auch einmal gewinnen!«

Gewinnen ist für uns selbst wichtig, sogar sehr wichtig. Aber ebenso wichtig ist es für den Partner.

> *Lassen Sie ihn oder sie dort gewinnen,*
> *wo es Ihr Endziel nicht gefährdet.*

Frage 5:
Ist Ihnen bewußt, daß Verlierer von heute Sieger von morgen sein können?

Angenommen, ein Geschäftspartner teilt Ihnen mit, daß er alles daransetzen werde, um Sie von seiner Meinung zu überzeugen. Sie werden sich das kaum gefallen lassen und ihm jeden erdenklichen Widerstand entgegensetzen. Ihr Geschäftspartner handelt unklug, er erschwert sich die Durchsetzung seines Anliegens, wenn er es nicht gar verunmöglicht. Lassen Sie ihn deshalb über Ihr Ziel so lange im unklaren, bis die Angelegenheit erledigt ist. Für jede Strategie gibt es auch ein »Gegenmittel«. Oft aber verraten wir uns nachher, vielleicht stolz auf unseren Sieg, unser brillantes Verhalten oder auf unsere geschickten Schachzüge. So verständlich der Wunsch ist, sich auf die eigenen Schultern zu klopfen – dieser Versuchung müssen wir unbedingt widerstehen. Wenn Sie Ihre Karten aufdecken, geben Sie ja Ihre Absicht preis – und zahlen dafür in der nächsten Runde.

Laufende Verhandlungen können aber bereits den Boden für die nächste Runde vorbereiten. Ich habe es mir zur Gewohnheit gemacht, mich zum Abschluß einer erfolgreichen Verhandlung bei meinen Geschäftspartnern zu bedanken. Dies ist zwar etwas außergewöhnlich, und es könnte beim Partner leicht der Verdacht aufkommen, daß ich mich insgeheim über ihn lustig mache, wenn ich nicht mit dem nötigen Fingerspitzengefühl vorgehe. Wenn ich aber meinen jetzigen Triumph nicht auf Kosten des Partners auskoste, ebne ich damit nur einen kleinen Teil des Terrains, auf dem ich beim nächstenmal stehen werde. Wenn der andere verloren hat und ich mich – aber nur wenn es stimmt! – für seine Fairness oder für sein Verständnis bedanke, für sein Einlenken oder für seine Großzügigkeit, so helfe ich ihm damit vielleicht, über seine Bitterkeit, die eine »verlorene« Verhandlung auslösen könnte, hinwegzukommen. Denn Verlierer von heute können Sieger von morgen sein – und umgekehrt.

Was aber, wenn es sich um eine Einzelaktion handelt? Auch hier wäre es grundfalsch, den Sieg auszukosten, denn damit wird der andere zum Verlierer gestempelt, und wer hat das schon gern, wer möchte freiwillig Opfer sein! Sogar dann, wenn Sie dem andern vermutlich nie mehr begegnen: Vermeiden Sie zu triumphieren! Der Triumph könnte Sie teuer zu stehen kommen. Auch der Zauberer deckt seine Karten nie auf. Und täte er es, wäre der ganze Zauber verflogen.

*

Zusammenfassung

Mit diesem Kapitel haben Sie sich auf die Thematik des Buches eingestimmt. Sie haben gelernt, wie wichtig es ist, ein guter Verlierer zu sein, denn der Verlierer von heute kann der Sieger von morgen sein. Sie haben sich auch Gedanken über eine gesunde Selbstkritik machen können – der Wille, aus Fehlern zu lernen und dadurch jedesmal ein Stückchen näher an die Perfektion zu kommen.

1.3

Andere Menschen ernst nehmen

Ausnahmslos haben wir es mit Menschen zu tun, und ohne deren positive Einstellung läuft nichts. Uns geht es ja bei der Durchsetzung unseres Anliegens nicht darum, etwas *gegen* den Willen der andern Person zu erreichen, sondern sie zu *überzeugen*. Es ist deshalb außerordentlich wichtig, daß sie uns gegenüber gut oder zumindest neutral gesinnt ist.

Was immer Sie auch unternehmen, um sich durchzusetzen – die Gegenseite ist keine anonyme Organisation, kein Amt und keine Firma. *Ihr Gegenüber ist immer ein Mensch.* Es mag sein, daß er sich stark fühlt, weil er eine mächtige Organisation vertritt, aber er bleibt trotzdem ein »Mensch aus Fleisch und Blut« mit all seinen Sorgen und Freuden, seinen Ängsten und Hoffnungen, seinen Fähigkeiten und Blockaden. Er bleibt ein Mensch und will als solcher behandelt werden. Mit Recht erwartet er, daß Sie seinen Standpunkt ernst nehmen, selbst wenn er dem Ihren diametral entgegenläuft. Je weniger Sie mit seinem Standpunkt einverstanden sind, desto mehr sollten Sie versuchen, ihn zu verstehen. Verstehen heißt nicht, seine Meinung zu akzeptieren, sondern lediglich, sie kennenzulernen. Es ist eine Frage der Toleranz, ob neben Ihrer eigenen Meinung noch Platz für einen andern Standpunkt ist. Nur dann lassen sich Mißverständnisse vermeiden oder aus der Welt schaffen.

Je stärker Sie (innerlich)
des andern Standpunkt ablehnen,
desto schneller entstehen
Mißverständnisse und Blockaden.

Echtes Interesse und ehrliches Bemühen um Verständnis für die Meinung des andern, ein Eingehen auf dessen Ansichten und Werte sind auch deshalb wichtig, weil jedes Wort, jede Geste, jeder Blick die Qualität Ihrer zukünftigen Beziehung – wenn auch unbewußt – direkt beeinflußt. Die sachlichen Probleme lassen sich unendlich viel leichter lösen, wenn die menschliche Komponente stimmt. Es ist deshalb wichtig, daß Sie ständig kontrollieren, ob die Beziehung noch trägt oder ob irgendwelche Störfaktoren aufgetreten sind. Eine plötzliche Häufung von Mißverständnissen aller Art sollte Sie alarmieren. Widmen Sie sich sofort dem Problem, versuchen Sie, das Klima zu verbessern, und machen Sie erst dann weiter. Mehr zu diesem Thema im Kapitel 2.2 »Das Klima günstig beeinflussen«.

Eine plötzliche, unerklärliche
Häufung von Mißverständnissen
kann auf eine Störung der
Beziehung hinweisen.

Niemals unnötig verletzen

Ist es Ihnen auch schon widerfahren, daß Sie sich über die harmlose Bemerkung eines Gesprächspartners geärgert haben, obwohl sie gar nicht persönlich gemeint war? Dieses Recht, sich zu ärgern, sollten Sie auch Ihrem Gesprächspartner zugestehen. Hüten Sie deshalb Ihre Zunge, und verletzen Sie ihn nicht unnötigerweise. Wie peinlich, wenn in einer Gruppe abschätzige Bemerkungen über das Rauchen gemacht werden und nicht daran gedacht wird, daß einer der Anwesenden starker Raucher ist, der seine Sucht nicht unter Kontrolle halten kann. Solche Ausrutscher vergiften das Klima für lange Zeit.

Ich kenne eine sehr korpulente Dame. Sie machte im Gespräch dauernd abschätzige Bemerkungen und Witze über ihren Umfang, ihr Gewicht und ihre Kleidergröße. Es wirkte manchmal fast so, als wolle sie andere dazu ermuntern, ebenso respektlose Bemerkungen über ihr Gewichtsproblem zu machen, aber man hütete sich davor und ging nicht darauf ein. Bis eines Tages eine Freundin den Ball aufnahm und mit etwas Schalk in der Stimme fragte: »Wieviel Tonnen hast du eigentlich schon abgenommen?« Obwohl sie ja nur in andern Worten die Äußerung der Dame wiederholte, zog sie sich deren unerbittliche Feindschaft zu. Das Klima war vergiftet.

Ein anderes Beispiel:
Jemand hat eine Glatze. Diese Tatsache ist für ihn zwar kein Problem, und er selbst darf sich darüber lustig machen. Aber er würde es ziemlich schlecht vertragen, von andern Leuten als Kahlkopf oder Billardkugel bezeichnet zu werden.

Was immer Sie sagen, rechnen Sie stets mit der Empfindlichkeit Ihrer Mitmenschen; bauen Sie einen Filter ein, das heißt, »stellen Sie sich in die Mokassins des Indianers«, wie ein Sprichwort sagt.

Aufrichtiges Lob nicht vergessen

Überlegen Sie: Wer sind Ihre besten Freunde? Was haben sie gemeinsam? Ich kenne weder Sie noch Ihre Freunde, aber die Antwort auf diese Frage kenne ich dennoch: Ihre Freunde zeigen Ihnen, daß sie Sie gern haben. Wir mögen vor allem jene Menschen, die uns mögen und dies auch *zeigen*. Wir können uns Freunde schaffen, wenn wir selbst zur Freundschaft fähig sind. Man mag uns, wenn wir mögen.

Ich kenne einen Unternehmer, der sich in allen sozialen Schichten großer Hochachtung erfreut. In einzelnen Fällen grenzt die Verehrung schon fast an Anbetung. Sein Geheimnis: Er lobt konsequent alle guten Taten, Absichten und Überlegungen seiner Mitarbeiter und Freunde, bleibt dabei aber immer glaubwürdig. Ob er dies hauptsächlich aus Berechnung tut, weiß ich nicht, aber ich glaube es kaum. Er ist lediglich ein ausgesprochen positiv denkender Mensch.

Wenn andere sich über das schlechte Wetter beklagen, spricht er davon, wie gut der Regen den Feldern tut. Von ihm stammt der folgende Satz: *»Wenn Ihr Partner mit einem Blechschaden nach Hause kommt, wer weiß, vielleicht war er unterwegs, um Ihr Geburtstagsgeschenk zu kaufen!«*

Ein wichtiger Gedanke noch in diesem Zusammenhang. Selbst das Zusammenleben von Tieren und Pflanzen ist nicht auf Konkurrenz angelegt, wie Darwin glaubte, sondern auf Harmonie. Sogar Raubtiere achten darauf, daß es ihren Beutetieren (als Gattung natürlich, nicht als Individuen) gutgeht. In der Natur wird das Überleben der einzelnen Gattungen durch Harmonie gesichert, nicht durch Kampf. Diese Beobachtungen aus dem Tierreich haben auch bei uns Menschen Gültigkeit. Wer andern nichts gönnt, wer Fallen stellt, statt dauerhafte Bündnisse zu schmieden, kann sehr wohl vorübergehend Erfolg haben, aber er wird ihn kaum je richtig genießen können. Und die Kraft subtiler Durchsetzung wird er nie verstehen. Der Volksmund formuliert diese Wahrheit knapp und treffend: »Wer andern eine Grube gräbt, fällt selbst hinein.«

*

Zusammenfassung

In diesem Kapitel wurde nochmals die Bedeutung der zwischenmenschlichen Kontakte hervorgehoben. Es ist wichtig, daß man sich immer darüber klar wird, daß wir nicht mit Organisationen oder Hierarchien verhandeln, sondern mit Menschen. Damit Kontakte zwischen Menschen funktionieren, soll man seine Mitmenschen nicht unnötig verletzen und genügend (ehrliches) Lob aussprechen, und zwar sowohl gegen oben als auch nach unten.

2

Vorbereitung – der halbe Erfolg

Je besser die Vorbereitungen, desto größer die Chancen.

Ein Sprinter muß sich jahrelang vorbereiten, aber der 100-Meter-Lauf, der ihm Weltruhm bringt, dauert kaum 10 Sekunden. Je besser er sich aber vorbereitet, desto größer sind seine Chancen, sich gegen die Konkurrenz durchzusetzen.

Ein anderes Beispiel: Hobbyköche wissen, daß die Vorbereitung eines Essens ausschlaggebend ist für den Erfolg. Gerade hier besteht ein krasses Mißverhältnis zwischen dem Zeitaufwand für die Vorbereitung und dem eigentlichen Mahl. Beim subtilen Durchsetzen ist es nicht anders.

Wenn Sie Fälle von ganz oder teilweise mißlungenen Versuchen, sich durchzusetzen, analysieren können, werden Sie eine spannende Entdeckung machen: Fast alle Fälle, die mit einem Mißerfolg endeten, scheiterten an mangelhafter Vorbereitung. Wenn sich die Gegenpartei besser vorbereitet hat, besitzt sie einen großen Vorteil, den sie natürlich ausnützen wird.

In diesem Kapitel geht es um Informationen. Wie man sie sammelt, auswertet und richtig einsetzt. Wichtig für die Vorbereitung ist auch, daß Sie ein günstiges Klima schaffen und wie Sie dies tun. Im letzten Teil des Kapitels über Vorbereitungen gehe ich auf die verborgenen Motive der Gegenpartei ein und zeige, wie man diese aufspüren und neutralisieren kann.

2.1

Informationen sind das Fundament

> *Ein Gramm Information*
> *wiegt schwerer*
> *als tausend Tonnen Meinungen.*
> (ORF-Intendant Gerd Bacher)

Beim Durchsetzen mit Befehlsgewalt gewinnt meist derjenige, der die stärkere Position und dadurch mehr Macht hat. Wer sich jedoch auf sanfte Art durchsetzen will, braucht nicht Macht, sondern bessere Informationen. Diese verschaffen ihm einen Verhandlungsvorteil, der mehr bringt als bloße Befehlsgewalt. Es ist deshalb von entscheidender Bedeutung, daß Sie viel Fleiß und Energie in die Beschaffung, die Kontrolle und die Aufarbeitung von Informationen investieren. Daß Sie für diese Informationsbeschaffung auch Fragetechnik, Körpersprache und vor allem die Kunst des Zuhörens einsetzen werden, ist selbstverständlich. Die Möglichkeiten, die in der Anwendung dieser Methoden liegen, werde ich in den entsprechenden Kapiteln noch genauer beschreiben.

Wer über die besseren Informationen verfügt, bestimmt Verlauf und Dauer der Verhandlung, kann Argumente entkräften, hat ganz einfach die besseren Chancen. Das gilt für alle Bereiche unseres Lebens, sei es im Büro, an der Börse, im Militär, als Touristin in einem fremden Land, ja selbst im trauten Heim. Es überrascht deshalb nicht, daß sich ganze Bibliotheken von Spionageromanen mit dem spannenden Thema der Informationsbeschaffung befassen.

Informations*beschaffung* ist das richtige Wort, denn Informationen werden Ihnen kaum auf dem Präsentierteller serviert; Sie müssen sie aktiv suchen und ebenso aktiv verarbeiten. Oft erhalten Sie nur Bruchstücke, aus denen Sie dann die eigentliche Information richtig zusammensetzen müssen, und das birgt eine große Gefahr in sich, denn wenn wir das Informationspuzzle falsch zusammensetzen, sind zwangsläufig auch unsere Schlüsse falsch.

An einer U-Bahn-Station in New York stieg ein Vater mit zwei kleinen Jungen in den Zug ein. Die beiden waren sehr laut, rempelten Leute an und rissen Passagieren die Zeitungen aus den Händen. Der Vater, ein gutgekleideter Geschäftsmann, kümmerte sich nicht um seine Kinder, sondern saß mit geschlossenen Augen auf seinem Platz; es machte den Anschein, als ob er schliefe. Die Stimmung im überfüllten Wagen wurde zunehmend gehässiger, und das Treiben der Jungen wurde von bösen Blicken begleitet, bis schließlich der Sitznachbar den Vater grob anstieß und mit bösen Worten aufforderte, seine Kinder doch gefälligst unter Kontrolle zu nehmen. Der Vater öffnete die Augen, schaute umher, als ob er von weit her käme, und sagte leise, doch für den ganzen Wagen vernehmbar: »Entschuldigen Sie bitte, wir kommen eben aus dem Krankenhaus. Meine Jungen haben soeben erfahren, daß ihre Mutter gestorben ist. Vielleicht sind sie deshalb außer Rand und Band.«

Mit diesem Beispiel möchte ich zeigen, wie wichtig es ist, genügend Informationen zu sammeln, bevor man reagiert. Eine kurze Vorfrage an den Vater hätte möglicherweise die Situation entschärft.

An erster Stelle müssen wir uns darüber klarwerden, welche Informationen wir überhaupt brauchen. Wenn Sie mit jemand zusammentreffen, den Sie noch nicht kennen, vielleicht für ein Interview oder sonst ein Gespräch, benötigen Sie Detailinformationen über diese Person. Wenn Sie sich in einer für Sie neuen Branche bewegen müssen, benötigen Sie Informationen über die Geschäftsgebräuche in diesem Wirtschaftszweig. Wenn Sie sich bewerben, müssen Sie soviel Informationen wie überhaupt möglich über die neue Firma zusammentragen. Wenn Ihre Firma in einer Konkurrenzsituation ist, brauchen Sie Informationen über Geschäftsgang, Absichten und Pläne Ihrer Konkurrenz. Informationen beschaffen ist meistens harte Knochenarbeit. Im Volksmund heißt das passend: »Hausaufgaben machen.«

Wie Sie Informationen sammeln

Basisinformationen

Früher war das Sammeln wichtiger Informationen das Privileg einiger weniger einflußreicher Personen, die dadurch in eine bevorzugte Lage versetzt wurden und dank ihres Informationsvorsprungs zu Reichtum und Macht kamen. Denken Sie nur an das Vermögen, das die Rothschilds verdienten, weil sie als erste die Nachricht von der Niederlage Napoleons bei Waterloo erhalten hatten. Heute sind Basisinformationen allgemein zugänglich: Telefonbücher, Wirtschaftspublikationen, Handelsregisterauszüge, Steuerausweise und je länger, je mehr auch elektronische Datenbanken. Informationen so zu sammeln ist allerdings eine mühsame Fleißarbeit, die wir deshalb gerne vernachlässigen. Zu Unrecht, denn hier können Sie sich ein erstes Bild über Herkunft, Familienverhältnisse, Position und oft über den Lebensstandard von Personen oder Firmen machen, die für Sie wichtig sind. Zu den Basisinformationen gehören auch, sofern Sie damit etwas anfangen können, eine Handschriftanalyse der andern Person, vielleicht noch deren Biorhythmus und eventuell auch deren Tierkreiszeichen mit entsprechendem Aszendenten. Die Schlüsse, die Sie aus solchen Informationen ziehen, sind aber mit großer Vorsicht zu beurteilen.

Beobachten

Sehr viele Informationen erhalten Sie bereits durch das genaue Beobachten der Person selbst. Dabei ist allergrößte Vorsicht angebracht, wenn Sie jemanden nur aufgrund der Kleidung, seines Auftretens oder seiner Statussymbole beurteilen. Nirgends so wie hier werden (oft absichtlich) falsche Fährten gelegt. Mehr darüber im Kapitel 3.5 »Die geheimen Botschaften des Körpers«.

Beziehungsnetz

Eine der besten und sichersten Informationsquellen ist das »Anzapfen« von gemeinsamen Bekannten, Branchen-Insidern und Freunden. Je besser Ihr Beziehungsnetz, je mehr Leute Sie kennen und je aufmerksamer Sie zuhören können, desto leichter ist es für Sie, an wichtige Informationen heranzukommen. Es lohnt sich deshalb, Ihr Beziehungsnetz zu pflegen und auszubauen. Warum, glauben Sie, nehmen Leute immer wieder an (meist langweiligen) Veranstaltungen teil? Man belächelt diese Menschen oft und unterstellt ihnen Profilierungssucht, doch so einfach ist es nicht. Es ist mühsam, mehrmals pro Woche an eintönigen Vernissagen, monotonen Geburtstagsfeiern, einfallslosen Saisoneröffnungen und dergleichen teilzunehmen. Wer diese »Opfer« bringt – ich benutze dieses Wort mit Absicht –, muß einen Grund haben. Und dieser Grund liegt darin, daß solche Veranstaltungen die beste Informationsbörse sind, weil dort ein ununterbrochener Informationsaustausch stattfindet. Nur wer sich immer wieder öffentlich zeigt, hat auch die

Chance, an wertvolles Informationsmaterial heranzukommen.

Spionagemethoden

Manch einer mag auf den Gedanken kommen, sich Informationen mittels Spionagemethoden zu beschaffen, über eingebaute Mikrofone, angezapfte Telefonapparate, Wanzen usw. Diese Methoden lehne ich strikte ab. Nicht nur weil sie unfair sind – sie sind übrigens auch in den meisten Ländern illegal –, sondern weil man diesen Informationen besonderen Glauben schenkt. Denn mit den gleichen elektronischen Hilfsmitteln kann eine Abhöranlage auch übersteuert werden. Und ist die Absicht einmal entdeckt, wird Ihre Gegenpartei alles daransetzen, die Information, die Sie erhalten, geschickt zu verfälschen und umzudrehen. Und genau das kann verheerende Konsequenzen haben.

Während einiger Jahre war ich verantwortlich für eine Discount-Lebensmittel-Kette. Die aggressive Werbung, die wir zu jener Zeit machten, brachte uns viel Erfolg, aber auch Neid und Angriffe seitens unserer Konkurrenz. Eines schönen Tages wurden wir von vier Beamten der Kantonspolizei überrascht, die den Auftrag hatten, eine Hausdurchsuchung durchzuführen. Sie verhörten Mitarbeiter, durchsuchten Aktenschränke, nahmen Einsicht in Dokumente und beschlagnahmten Akten. Es stellte sich bald heraus, daß unser schärfster Konkurrent hinter dieser Aktion steckte. Weil wir stets am selben Tag, an dem sein Inserat erschien, in derselben Zeitung das gleiche Produkt billiger anboten, vermutete er Werk-

spionage und klagte uns ein. Selbstverständlich verlief alles im Sand, und ich habe die Angelegenheit nie publizistisch ausgenützt, weil ich mein »Geheimnis« nicht preisgeben wollte. Es funktionierte nämlich auch nachher noch während Jahren perfekt.

Und so kamen wir zu den Informationen: Wir beobachteten regelmäßig das Lagerhaus unseres Konkurrenten. Immer dann, wenn große Lastenzüge mit Stapelwaren vorfuhren, zum Beispiel Coladosen, Waschmittel oder Toilettenpapier, wußten wir, daß kurzfristig eine Aktion mit diesen Artikeln geplant war. Und weil man mit so großen Quantitäten ein Lagerhaus nicht unnötig vollstopft, müssen sie logischerweise sofort wieder auf die Filialen verteilt werden. Kombiniere: Die Aktion muß nächste Woche starten. Und weil Aktionen regelmäßig wiederholt werden, würde sie vermutlich in derselben Zeitung und mit dem gleichen Preis wie letztesmal inseriert.

Alles, was wir zu tun hatten, war, den gleichen Artikel ein paar Prozent billiger anbieten. Aber bitte sagen Sie es nicht weiter.

Informationen über sich selbst

Sind Sie kritikfähig? Wenn Sie an ehrlichen Informationen über sich selbst interessiert sind, sollten Sie eine weitere Informationsquelle ausschöpfen, nämlich die Meinung anderer Leute über Sie selbst und über das, was Sie tun. Vielleicht wollen Sie sich vor einer Entscheidung rückversichern? Oder Sie sind ganz einfach an ehrlichen, ungeschminkten Informationen über sich selbst interessiert? Vielleicht möchten Sie auch wissen, wie andere Ihre Tätigkeiten beurteilen oder ob sich auf Ihrem Weg Fallstricke befinden, die Sie vielleicht übersehen haben? Es ist nicht einfach, diesbezüglich ehrliche Meinungen zu erfahren, schon gar nicht von heute auf morgen. Nur dann erhalten Sie aufrichtige Meinungen über sich selbst, wenn es Ihnen gelingt, ein offenes, kritikfreundliches und angstfreies Umfeld zu schaffen und jede Meinungsäußerung, sei es Lob oder Tadel, ernst zu nehmen, und zwar unabhängig davon, wie sie Ihnen offenbart wird.

Wie Sie Informationen überprüfen können

Wir werden heutzutage derart mit Informationen überschwemmt, daß wir Gefahr laufen, den Überblick zu verlieren, und Mühe haben, zwischen Wichtigem und Unwichtigem zu unterscheiden. Radio, Fernsehen und Zeitungen berieseln uns ununterbrochen mit Meldungen, so daß wir, zu unserem eigenen Schutz, fast automatisch zu selektionieren gelernt haben. Wir überhören einzelne Nachrichten, nehmen andere ganz oder teilweise auf und beurteilen diejenigen als glaubwürdig, die mit unserer eigenen Lebenserfahrung übereinstimmen.

Es verhält sich hier wie mit der Ernährung. Wer alles ißt, was ihm in die Finger gerät, gilt als Vielfraß und kann bald nicht mehr unterscheiden zwischen gut und sehr gut. Er hat dann auch keinen Hunger mehr; ob er sich vernünftig ernährt, ist eine andere Frage. Wenn wir uns jedoch die Frage nach der gesunden Ernährung stellen, werden wir automatisch auswählen und die Verantwortung übernehmen für das, was wir uns zuführen. Genausogut, wie wir den Supermarkt oder das Restaurant wechseln, können wir nämlich auch die Informationsquellen austauschen. Es trifft nicht zu, daß wir irgendwelchen Informationsmonopolen ausgeliefert sind, weder den staatlichen Rundfunk- und Fernsehanstalten noch den marktmächtigen Verlagskonzernen oder den großen PR-Agenturen mit ihrer raffinierten Informationsaufbereitung. Es gibt überall auch ergänzende Informationsdienste, die wir nutzen sollten, wie persönliche Quellen, Lokalradios, elektronische Datenbanken oder Informationsdienste mit anders gelagerten politischen Zielsetzungen. Das beste Rüstzeug ist stets eine grundsätzlich kritische Einstellung gegenüber allen Informationen; gesunder Menschenverstand, der dauernd eingeschaltet ist, laufend nach der Glaubwürdigkeit der eingehenden Information fragt und sofort auf Rot schaltet, wenn sich Zweifel am Wahrheitsgehalt zeigen.

Genauso sollten auch Sie vorgehen, wenn Sie Informationen überprüfen wollen. Als Filter für deren Glaubwürdigkeit helfen Ihnen Ihre Lebenserfahrung und Ihr eigenes Gefühl. Sie sollten jede Information ständig gedanklich in Frage stellen und sich überlegen, ob der Sender der Information irgendwelche *Eigeninteressen* an deren Verbreitung hat.

Der nette Kellner im Restaurant empfiehlt uns Dorschfilets. Diese seien zwar nicht auf der Karte, aber zufälligerweise habe er noch drei Portionen und könne sie wärmstens empfehlen. Wenn Sie jetzt stutzig werden und vermuten, daß der Koch diese drei Portionen möglicherweise loswerden will, weil sie sonst anderweitig »entsorgt« werden müßten, dann liegen Sie genau richtig. Natürlich können Sie die Filets bestellen – sie werden vermutlich auch munden –, aber der Gedanke an die eigenen Interessen des Informationslieferanten, in diesem Fall des Kellners, sollte Ihnen unbedingt bewußt sein.

Ein anderes Beispiel:
Ihre Bestellung ist aufgegeben, und jetzt geht es um den Wein. Sie sind unsicher und fragen den Kellner: »Welchen Wein können Sie empfehlen?« Was glauben Sie, welchen Wein er offerieren wird? Wenn er geschäftstüchtig ist, natürlich den zweitteuersten (nicht den teuersten, das würde auffallen). Vielleicht aber ist er tatsächlich Weinkenner und läßt sich von anderen Überlegungen leiten. Wie dem auch sei, wenigstens der Gedanke an seine Eigeninteressen muß Ihnen präsent sein.

Und hier noch ein kleiner Erlebnisbericht eines Börsenhändlers, der durch seine Methode, die Glaubwürdigkeit anderer zu überprüfen, ein Vermögen verdiente.

Mein Bekannter versuchte, mit Warentermingeschäften Geld zu verdienen, einem gefährlichen und äußerst risikoreichen

Spekulationsgeschäft. Er hatte viele Kurse besucht, zahlreiche Fachbücher gelesen und ließ sich täglich von Experten beraten. Trotzdem mußte er fortwährend Verluste einstekken. Dieser Mißerfolg ist um so erstaunlicher, als er über alle Voraussetzungen verfügt, die ihn eigentlich zum Erfolg führen müßten: Er versteht die wirtschaftlichen Zusammenhänge, plant langfristig, ist risikofreudig und kann Verluste akzeptieren.

Die Pechsträhne endete jedoch schlagartig, als er einem routinierten Finanzier sein Leid klagte. Dieser gab ihm einen verblüffend einfachen Rat, der aber bewirkte, daß sich sein Glück an der Börse von diesem Moment an wendete. Was hat ihm der Finanzier gesagt?

***»Sei nicht expertengläubig!** Mißtraue grundsätzlich dem Ratschlag eines Fachmannes, auch wenn er noch so berühmt ist. Bewerte deine Informationsquellen stets mit dem kleinen Wort: Warum? Du wirst deine Überraschungen erleben ...«*

Und mein Bekannter tat, wie ihm geraten. Als ihm jemand sagte: »Der Dollar steigt auf 1.80«, hinterfragte er die Meinung sofort mit »Warum?« oder etwas eleganter mit »Was bringt Sie zu dieser Meinung?«. Antwortete der andere mit einer Banalität, wie zum Beispiel »... der Dollar war lange Zeit zu tief, jetzt muß er steigen«, wurde mein Bekannter sehr mißtrauisch. Wenn er aber eine sinnvolle Begründung erhielt, hatte er vielleicht eine jener wertvollen Informationsquellen gefunden, die so selten sind und die man wie einen Schatz hüten soll.

Er gewöhnte sich an, seine Fragen offener zu formulieren. Nicht »Wie wird sich der Dollar entwickeln ...?«, sondern »Haben Sie eine Meinung zum Dollar ...?«. Dadurch gab er anderen die Freiheit, nicht Stellung nehmen zu müssen, und sparte viel Zeit, filterte Geplauder aus und belastete sich nicht mit unnötigem Ballast. Im Verlauf der Zeit verfeinerte mein Bekannter diese Methode und wurde sehr erfolgreich. Er hatte gelernt, Informationen zu bewerten. Heute konsultieren ihn Fachleute und bitten ihn um seine Meinung. Der Ratschlag des Finanziers war für ihn buchstäblich Gold wert. Er war daraufgekommen, daß hinter vielen Ratschlägen handfeste Eigeninteressen stecken.

Zu diesem Thema erfahren Sie im Kapitel 2.3 »Hinterfragen Sie das Motiv« noch einiges mehr.

Wie Sie Informationen gezielt einsetzen

Mit Informationen, die Sie zwar besitzen, aber nicht ausspielen wollen, können Sie die Glaubwürdigkeit der anderen Partei testen. Dies ist besonders wichtig bei Verhandlungen mit Menschen, die Sie noch nicht kennen. Ein kleiner Test kann unter Umständen einen wichtigen Hinweis darauf geben, wie der Gesprächspartner mit der Wahrheit umgeht. Aber hier müssen Sie sehr vorsichtig mit voreiligen Schlüssen sein. Ein kleines Beispiel:

Ein Mitarbeiter behauptet, zur vereinbarten Zeit, um 17 Uhr, eine Mitteilung auf Ihren Telefonbeantworter gesprochen zu haben, aber der Anrufer weiß nicht, daß die interne Uhr Ihres Beantworters alle Anrufzeiten auf die Minute genau registriert. So wissen Sie, daß der Anruf erst um 18 Uhr erfolgte.

Das bedeutet aber noch nicht, daß Ihr Mitarbeiter unglaubwürdig ist, denn vielleicht geht seine Uhr falsch, oder es liegt sonst ein Mißverständnis vor. Es bedeutet aber zumindest, daß Sie seine Glaubwürdigkeit überprüfen sollten. Ob Sie ihn direkt konfrontieren oder weiter beobachten werden, steht Ihnen frei. Ich würde mit großer Wahrscheinlichkeit das Ergebnis dieses kleinen Tests vorläufig noch für mich behalten.

*

Ein Händler bietet in einem orientalischen Basar ein Kaffeeservice zum Preis von 100 Dollar an. Die Touristin bietet 10 Dollar. Zu ihrer Überraschung wendet sich der Verkäufer entrüstet ab und läßt nicht mehr mit sich reden. Das Angebot war derart mickrig, daß es vom Händler als Beleidigung aufgefaßt wurde. Eine unsichtbare Tabuschwelle war überschritten worden.

Hier wäre es für die Touristin ein leichtes gewesen, sich durch Beobachten darüber zu informieren, daß sie etwa bei der Hälfte des verlangten Preises, also bei 50 oder 60 Dollar, hätte beginnen müssen.

Wie Sie sehen, sind gute Informationen extrem wichtig für die Beurteilung der entscheidenden Frage, wie weit Sie mit einer Gegenofferte gehen können. Im vorhergehenden kleinen Beispiel ging es nicht um eine weltbewegende Angelegenheit, aber jeder Einkäufer ist mit dieser Problematik vertraut, kennt das Risiko, wenn Verhandlungen zu stark belastet werden, ungünstig verlaufen oder gar abgebrochen werden müssen, nur weil die Gegenofferte außerhalb der Bandbreite angesetzt wird. Aber wo genau diese Bandbreite beginnt und wo sie aufhört, das können Sie nur durch Informationsbeschaffung erfahren. Das Wissen um diesen kleinen Unterschied entscheidet in vielen Fällen über Erfolg oder Mißerfolg.

*

Die wichtigste Eigenschaft für den praktischen Einsatz von Informationen ist Kreativität. Statt trockener Theorieregeln möchte ich deshalb Beispiele von kreativer Beschaffung und Nutzung von Informationen schildern, die für sich selbst sprechen.

Die clevere Studentin

Für Prüflinge ist es eminent wichtig, zu wissen, welches Thema der Professor für die nächste mündliche Prüfung wählen wird. Wenn die Studenten das wissen, können sie sich gezielt vorbereiten und haben bessere Chancen, die Prüfung zu bestehen. Aber wie sollen sie das herausfinden? Eine Studentin der Wirtschaftswissenschaft löste das Problem brillant, indem sie lediglich Informationen auswertete, die überall zugänglich waren. Sie schaute im Vorlesungsverzeichnis nach, über welches Thema der Professor heute sprechen würde. Da der Professor ja darauf bereits vorbereitet war, nahm sie an, würde er auch die gleiche Thematik prüfen – und so geschah es auch. Die Studentin bestand die Prüfung mit Auszeichnung.

Lange Ohren

Der Aufsichtsrat einer Firma erfuhr kurz vor der Generalversammlung, daß eine Oppositionsgruppe von Aktionären beabsichtige, an der Versammlung einen Antrag zu stellen, der sich – so die Gerüchteküche – negativ auf die Firma auswirken würde. Die Aktionäre hätten sich gut vorbereitet und träfen sich eine Stunde vor Beginn der Versammlung im Restaurant Bahnhof, erfuhr die Geschäftsleitung durch das »Buschtelefon«. Der Präsident des Verwaltungsrates, ein gewiefter Taktiker, bat seinen Sekretär, an einem Nebentisch Platz zu nehmen und nichts anderes zu tun, als die Ohren zu spitzen. Weil Menschen in einer Gruppe erfahrungsgemäß immer zu laut sprechen, war es für den Sekretär ein leichtes, die beabsichtigte Strategie der Gruppe zu erfahren. Resultat: Der Präsident konnte in seinem Eröffnungsreferat bereits die Argumente der Oppositionsgruppe widerlegen, so daß diese mit ihrem Antrag keine Chance mehr hatte.

Das rote Band

Der Marketingleiter einer größeren Firma mußte den Umsatz eines Ladengeschäftes ausfindig machen, das zur Miete angeboten worden war. Da dieses Ladengeschäft noch von einem Konkurrenzunternehmen – einem Lebensmittelgeschäft – be-

setzt war, waren keine zuverlässigen Auskünfte erhältlich. Die Umsatzzahlen waren aber sehr wichtig, weil der Mietvertrag eine Umsatzbeteiligungsklausel enthielt. Man entschied, das Ziel in zwei Schritten zu erreichen. Um die Kundenfrequenz zu eruieren, band ein Mitarbeiter der Marketingabteilung an fünf Einkaufswägelchen ein kleines Stück roten Fadens und registrierte während einer Stunde den Durchlauf. Gleichzeitig registrierten die »Spione« alle Kassatotale, um so die durchschnittliche Kaufsumme zu erfassen. Diese Hochrechnung erwies sich später als sehr genau. Sie hatten lediglich Informationen verwendet, die allgemein zugänglich waren. Ein bißchen »Köpfchen« hat noch nie geschadet ...

Heute, im elektronischen Zeitalter, läßt sich eine solche Berechnung natürlich wesentlich leichter aufgrund der weggeworfenen Kassabons anstellen. Jeder Kassabon enthält schließlich eine fortlaufende Nummer, ein Datum, einen Betrag und die Kassennummer.

Nicht sehr elegant

Daß die Discount-Firma, für die ich verantwortlich war, auch Markenartikel billiger verkaufte, war unseren Konkurrenten ein Dorn im Auge. Auf allen möglichen und unmöglichen Wegen versuchten sie deshalb, unsere Lieferanten zu eruieren. Mit welchen »Tricks« sie dabei vorgingen, zeigt das folgende Beispiel. Mir fiel auf, daß ein junger Mann jeden Tag bei uns einkaufte und sich dann nach der Toilette erkundigte. Wir fanden heraus, daß er im Vorbeigehen das kleine interne Adreßbüchlein beim Telefon mitnahm, um es auf der Toilette abzuschreiben. Nachdem wir dies wußten, schrieben wir die hinteren Seiten neu und versahen sie mit verschiedenen Bemerkungen, die den »Spion« in die Irre führen sollten. Ob uns dies gelang, entzieht sich meiner Kenntnis, denn ich habe den Auftraggeber des ominösen jungen Mannes nie eruieren können.

Nomen est Omen – einmal anders

Folgende Szene konnte ich in einem vollbesetzten Gartenrestaurant beobachten. Einige Personen, die offensichtlich keinen Platz mehr finden konnten, standen etwas verloren herum, als sich ein Mann aus der Gruppe löste und sich bei einer Kellnerin nach dem Namen des Oberkellners erkundigte. Mit charmantem Lächeln und ausgestreckter Hand ging er dann auf den Oberkellner zu, begrüßte ihn wie einen alten Bekannten mit seinem Namen und erkundigte sich, wie es ihm gehe. Selbstverständlich wurde die kleine Gruppe sofort an einen Tisch komplimentiert, der gerade frei geworden war. Ich konnte mir nicht verkneifen, dem Hauptakteur für sein sanftes Durchsetzungsvermögen ein Kompliment zu machen. Dieser gestand dann auch freimütig, daß der Oberkellner für ihn ein Fremder sei und daß er angenommen habe, daß dieser nicht alle Leute kennen könne, die ihn mit Namen ansprechen.

*

Zusammenfassung

Das wichtigste Material, das wir für die Durchsetzung brauchen, sind zweifellos Informationen. Mit besseren Informationen besitzen Sie bessere Chancen, die Verhandlung erfolgreich abzuschließen. In diesem Kapitel wurde beschrieben, wie man Informationen sammelt, überprüft und wie man sie einsetzt. Es enthält auch Beispiele, wie Informationen praktisch umgesetzt werden können.

2.2

Das Klima günstig beeinflussen

Ihre Position und Ihre Argumente mögen noch so stark und durchdacht sein – wenn das Klima nicht stimmt, werden Sie es schwer haben, sich durchzusetzen. Ein schlechtes Verhandlungsklima behindert uns wie ein starker Gegenwind beim Radfahren. Es setzt Ihnen massive Widerstände entgegen, die eigentlich gar nicht nötig wären. Es ist deshalb wichtig, solche Widerstände zu vermeiden oder abzubauen, wenn sie bereits vorhanden sind. Ein gutes oder zumindest neutrales Klima ist eine der wichtigsten Voraussetzungen zum Erfolg. Wenn das Klima aus irgendeinem Grund schlecht geworden ist, sei es wegen eines Fehlverhaltens einer Partei oder wegen Hypotheken aus der Vergangenheit, müssen Sie zuerst versuchen, es zu verbessern, bevor Sie sich an die eigentliche Arbeit des Durchsetzens machen. Noch besser aber ist es natürlich, überhaupt keine schlechte Stimmung aufkommen zu lassen.

Am Empfang eines Hotels. Der Hotelgast, ein älterer, etwas müde wirkender Mann tritt an den Schalter und teilt der Empfangsdame mit, daß er sein Zimmer eine weitere Nacht behalten möchte. Die Empfangsdame wirkt gestreßt, ist offensichtlich schlecht gelaunt und antwortet in einem unfreundlichen Ton und ohne von ihrer Arbeit aufzuschauen:

»Geht nicht, alles voll.« Der Gast bemerkt nicht, daß seine Gesprächspartnerin überhaupt nicht »auf Empfang« ist. Statt sich zurückzuziehen und es später, vielleicht bei einer anderen Person, nochmals zu versuchen, insistiert er und zieht alle Register. »Ich habe heute Geburtstag, und da könnten Sie mir doch diesen kleinen Gefallen tun.« Antwort: »Alles besetzt.« Er gibt nicht auf. Seine Offerte, einen höheren Preis zu zahlen, wird mit »geht nicht« abgelehnt. Dann spricht er davon, daß er krank sei und seinen nächsten Geburtstag vielleicht nicht mehr erleben würde und daß er morgen noch eine dringende Untersuchung bei seinem Arzt habe, aber auch dieser Appell an das Mitgefühl kommt nicht an. Ein unfreundliches »geht nicht« ist die einzige Antwort, und der Gast gibt schließlich resigniert auf.

Bei dieser kleinen Episode, deren unfreiwilliger Zuhörer ich war, hat der Gast zwar nach der Devise gehandelt »ein Nein ist ein Jein«, aber das half ihm nichts. Er hätte noch so kreativ sein und jede denkbare Taktik anwenden können, keine wäre von Erfolg gekrönt gewesen, weil das Klima ungünstig war. Schon sehr früh in der Diskussion war ja festzustellen, daß seine Gesprächspartnerin alles andere als hilfsbereit war. Da hätte er sich zurückziehen und später neu beginnen müssen, allenfalls bei der Vorgesetzten der Empfangsdame.

Wie vermeiden Sie Konflikte?

Zuerst ein Fremdwort: Captatio benevolentiae. Wörtlich aus dem Lateinischen übersetzt bedeutet das: »Haschen nach Wohlwollen oder Zuneigung«. In unserer Umgangssprache verwenden wir den Begriff: »Understatement« und meinen damit: »die Zuhörer oder die Verhandlungspartner positiv einstimmen«, »auf die Frequenz einstellen« oder »die Chemie stimmt«.

Im Altertum stellten sich berühmte Redner vor das Publikum und versuchten, durch gespielte Bescheidenheit oder Schmeicheleien gleich zu Beginn ihrer Ausführungen das Wohlwollen des Publikums zu gewinnen. Ein klassisches Beispiel kennen auch Nicht-Lateiner dank M. Fuhrmanns Übersetzung von Ciceros berühmtem Plädoyer für Sextus Roscius aus Ameria:

»Ich möchte annehmen, ihr Richter, ihr seid erstaunt, weshalb gerade ich mich erhoben habe, da doch zahlreiche Redner von erstem Rang und Angehörige des höchsten Adels auf ihren Plätzen bleiben; ich, der diesen Männern, was Alter, Können oder Aussehen betrifft, durchaus nicht gewachsen bin ...«

In unserer Zeit wird das krasse Understatement, wie es damals gebräuchlich war, nur selten verwendet, denn es wirkt oft unglaubwürdig. Wichtig ist deshalb, daß man nicht überspitzt, denn die Schwelle zur Übertreibung ist hauchdünn, und plötzlich kippt der beabsichtigte Zweck ins Gegenteil um. Schon zu Cäsars Zeiten war die Anwendung der Captatio benevolentiae zwiespältig, mal spöttisch, mal geradezu sarkastisch, wie in Shakespears »Julius Cäsar« nachzulesen. Wenn Antonius in seiner Rede den Cäsarenmörder Brutus als »ehrenwerten Mann« bezeichnet, weiß natürlich jeder im Publikum, daß damit das Gegenteil gemeint ist.

Auch wenn die damals zur Schau getragene tiefe Demut mit ihren Bescheidenheitsfloskeln nicht mehr so recht zu unserem Lebensstil paßt, gilt noch heute der gleiche Grundsatz, nur benutzen wir andere Wörter dafür. Aus Amerika kommt die treffende Bezeichnung: »to build rapport«, was wohl am ehesten mit »günstige Beziehung schaffen« umschrieben werden kann. Die Absicht ist die gleiche: ein Werben um Wohlwollen und Verständnis bei Zuhörern oder Verhandlungspartnern, damit diese sich öffnen und mehr Verständnis für unsere Argumente aufbringen. Sie werden das aber nur tun, wenn man klug und maßvoll vorgeht und nicht übertreibt. Dabei haben kleine Gesten oft eine unerwartete Wirkung. Ein Kondolenz- oder ein Gratulationsbrief, eine kleine Überraschung zum Geburtstag – vielleicht nur ein Telefonanruf – oder sonst eine freundschaftliche Geste bewirken oft mehr, als man glaubt. Nicht das Geschenk ist wichtig, sondern die auf der Parallelspur mitlaufende, unausgesprochene Botschaft: »Ich mag dich und bemühe mich um deine Freundschaft.«

Beispiele für ein modernes Captatio benevolentiae findet man auch in der Werbung, zum Beispiel in der Botschaft von AVIS-Mietwagen mit ihrem Slogan: »We are only number two. We try harder!« Das ist nichts anderes als die raffinierte

Form einer modernen Umsetzung der Captatio benevolentiae, die mit dem David-und-Goliath-Effekt kokettiert und mit der Sympathie rechnet, die man normalerweise dem mutigen Herausforderer entgegenbringt.

Einige Beispiele aus der heutigen Zeit könnten so lauten (die Captatio benevolentiae ist jeweils ***fett*** gedruckt):

An einer Klassenzusammenkunft wird derjenige, der es am weitesten gebracht hat, eingeladen, die Begrüßungsrede zu halten. Seine Karriere hat ihn statusmäßig weit über seine ehemaligen Schulkameraden emporgehoben. Er beginnt seine Ansprache mit folgenden Worten:

»Ich freue mich, die vertrauten Gesichter aus meiner Jugendzeit wiederzusehen. Wieviel Stunden haben wir doch zusammen verbracht, wieviel Ängste haben wir gemeinsam ausgestanden, wieviel Unfug Seite an Seite angestellt! ***Heute weiß ich, daß mich Eure Kameradschaft in jenen wichtigen Jahren maßgeblich geprägt hat. Ich habe Euch viel zu verdanken ...*** *und freue mich darauf, die alten Freundschaften wieder aufzufrischen und viele Bande neu zu knüpfen ...«*

Oder Sie kommen in die Lage und müssen einen Mitarbeiter kritisieren, weil er einen größeren Verkauf verpatzt hat. Sie werden nicht gleich mit der Tür ins Haus fallen und Ihr Gespräch mit einer Kritik, sondern vielleicht mit folgenden Worten beginnen:

»Sie sind einer meiner besten Mitarbeiter, und ***ich arbeite sehr gern mit Ihnen zusammen.*** *Wenn ich daran denke, wie Sie damals den großen Mailänder Auftrag an Land gezogen haben,* ***freue ich mich immer wieder darüber.*** *Heute möchte ich mit Ihnen aber über einen anderen Auftrag sprechen. Meiner Meinung nach haben sie sich bei ... nicht ganz richtig verhalten. Was ist in Ihnen vorgegangen, als ...«*

Der Chansonnier auf der Bühne wird irgendwann in seiner Darbietung die Worte einflechten:

»Sie sind ein großartiges Publikum! *Ganz herzlichen Dank! Gerade deshalb* ***freue ich mich immer wieder auf den Besuch bei Ihnen hier im schönen ...«***

Peinlich wird es erst dann, wenn er die Städte verwechselt, aber vermutlich würde das Publikum selbst das mit Freundlichkeit quittieren. Die Grenze zur Unglaubwürdigkeit wird bei einer Künstlerin, einem Künstler auf der Bühne sehr viel weiter gezogen, als dies im kleineren Kreis des Geschäfts- oder Privatlebens der Fall ist.

Aber ein »Haschen nach Wohlwollen« genügt nicht. Es ermöglicht vielleicht einen guten Einstieg, bringt Anfangssympathie, mehr nicht. Seien Sie sich bewußt, daß Sie sich auf sehr dünnem Eis befinden. Tragfähigeren Boden können Sie nur gewinnen, wenn es Ihnen gelingt, echten Partnerbezug herzustellen.

Wie Sie echten Partnerbezug herstellen

Betonen Sie in der ersten Phase ganz bewußt Gemeinsamkeiten (gleiche Branche, gleichaltrige Kinder, Sport, Hobbys usw.), und lassen Sie alles, was trennen könnte, weg. Bleiben Sie auf der persönlichen Ebene, auf freundschaftlicher Distanz, ohne sich anzubiedern. So können Sie fürs erste einen persönlichen, tragfähigen Kontakt herstellen. Das ist nicht zu verwechseln mit dem leeren Geplauder, das oft am Anfang einer Begegnung oder bei einem zufälligen Treffen steht und das leider zum integrierten Bestandteil des Begrüßungszeremoniells in unseren Breitengraden geworden ist. Oberflächliches Geschwätz über das Wetter, die Politik oder die Nachbarn hilft höchstens Unsicherheiten zu überbrücken, aber es schafft wenig Verbindendes. Partnerbezug hingegen heißt: ehrliche Beachtung schenken – und *zuhören.* Dazu braucht es persönliches Engagement und Interesse an irgendeinem Bezugspunkt der anderen Person. Wenn Ihnen an Ihrem Gesprächspartner, an Ihrer Gesprächspartnerin etwas auffällt, sei es ein neuer Ring, eine spezielle Krawatte, ein neuer Haarschnitt oder vielleicht ein besonders glücklicher Gesichtsausdruck, machen Sie es zum Gesprächsthema. Sie werden von der Reaktion überrascht sein. Sollten Sie zu den Menschen gehören, die über ein gutes Gedächtnis verfügen, dann haben Sie einen bedeutenden Vorteil: Sie können Themen anschneiden, die andere längst vergessen haben. Das Thema Partnerbezug werde ich im Kapitel 3.3 »Überzeugend sprechen ...« im Detail behandeln.

Sprechen Sie auch »heiße« Themen an

Es ist eigentlich unverständlich, daß wir uns oft davor scheuen, Dinge zur Sprache zu bringen, die für den Gesprächspartner von großer Wichtigkeit sind. Behinderte Menschen müssen in dieser Beziehung leider besonders viele unangenehme Erfahrungen machen. Scheuen Sie sich nicht, auch »heiße« Themen anzusprechen wie zum Beispiel den Tod eines nahestehenden Menschen, einen Unfall, eine Trennung nach jahrelanger Partnerschaft, einen diffamierenden Presseartikel, den Verlust der Stelle usw.

Kürzlich traf ich einen Bekannten, den ich seit mehreren Monaten nicht mehr gesehen hatte. Sein ganzes Gesicht war voll von häßlichen braunen Flecken, die ihn sehr entstellten. Ich sprach ihn voll Anteilnahme darauf an und erfuhr, daß es sich um die Folgen einer psychischen Reaktion auf den Tod einer ihm nahestehenden Person handle. Die meisten Leute, denen er begegnete, plauderten von allem möglichen, nur nicht von seinem Gesicht. Dabei mußten die Flecken jedem auffallen, aber nur wenige wagten es, ihn nach dem Grund zu fragen aus Scheu, ein Tabuthema zu berühren. Die meisten Leute gingen darüber hinweg und suchten krampfhaft nach Gesprächsstoff. Aber das brachte es mit sich, daß ihm niemand seine Anteilnahme ausdrücken konnte. Er konnte mit niemand über sein Problem sprechen und empfand als Zurückweisung, was nur Scheu war. Daß ich das Thema angesprochen hatte, öffnete bei ihm Schleusen und gab ihm die Möglichkeit, sich endlich auszusprechen.

Das meine ich mit Partnerbezug. Aber Vorsicht! Gehen Sie das Thema mit Einfühlungsvermögen an, und formulieren Sie den Einstieg so, daß Ihr Gesprächspartner wieder aussteigen kann, ohne unhöflich zu wirken. Lassen Sie ihm von Anfang an einen Rückzugsweg offen, denn es könnte ja sein, daß er tatsächlich nicht darüber sprechen will. Aber in diesem Fall wird er es Sie bestimmt merken lassen. Das ist sein gutes Recht und hat nichts mit persönlicher Zurückweisung zu tun. In den meisten Fällen wird das Thema dankbar aufgegriffen, wenn Ihnen der passende Einstieg gelingt.

Hier sind einige Möglichkeiten zu den vorhin aufgeführten Beispielen:

Wenn Sie erfahren, daß eine dem Gesprächspartner nahestehende Person verstorben ist, sagen Sie

nicht: »Ich kondoliere Ihnen zum Ableben Ihres Gatten. Woran ist er eigentlich gestorben?«

sondern: »Ich kondoliere Ihnen zum Ableben Ihres Gatten. Das ist jetzt sicher keine einfache Zeit für Sie *(Pause)* ...«

Sie möchten Ihre Gesprächspartnerin auf einen Unfall ansprechen. Sagen Sie

nicht: »Ich hörte, daß Sie kürzlich einen Unfall hatten. Wer war eigentlich schuld daran?«

sondern: »Ich hörte von Ihrem Unfall und war so froh, daß alles glimpflich abgelaufen ist. (Pause) Aber vielleicht möchten Sie jetzt nicht darüber reden ...«

Sie begegnen jemandem, der sich nach einer jahrelangen Partnerschaft getrennt hat. Sagen Sie

nicht: »Sie sind ja jetzt wieder solo und können das Junggesellenleben so richtig genießen ...«

sondern: »Es tut mir leid zu hören, daß Ihre Partnerschaft mit X nicht mehr besteht. (Pause) Das ist jetzt bestimmt nicht einfach für Sie, sich neu zu orientieren ...«

Sie haben einen diffamierenden Presseartikel über Ihre Gesprächspartnerin gelesen. Sagen Sie

nicht: »Das ist ja allerhand, was man über Sie geschrieben hat.«

sondern: »Ist es Ihnen gelungen, sich gegen den Artikel in der ... Zeitung zur Wehr zu setzen?«

Ihr Gesprächspartner hat vor kurzem seinen Arbeitsplatz verloren. Sagen Sie

nicht: »Wie ich höre, sind Sie jetzt arbeitslos. Was machen Sie denn den ganzen Tag?«

sondern: »Betreffend Ihrer beruflichen Situation, kann ich Ihnen da behilflich sein?« (Nur wenn Sie wirklich gewillt und in der Lage sind zu helfen. Sonst wäre es eine leere Phrase.)

Beachten Sie, daß die Gesprächspartnerin bzw. der Gesprächspartner die Möglichkeit haben muß, einem weitergehenden Gespräch über das Thema auf einfache Art aus dem Weg zu gehen, ohne Sie brüskieren zu müssen.

Kleine Geschenke erhalten die Freundschaft

Geschenke machen, um Freundschaften zu kaufen? Nein, so funktioniert das nicht. In den meisten Fällen würde der Empfänger Ihre Absicht durchschauen und die Geste ins Leere fallen. Hier sind jene Aufmerksamkeiten gemeint, die unter die Begriffe *Hilfsbereitschaft* und *echter Partnerbezug* fallen. Solche Gesten sollen nicht übertrieben sein, sondern lediglich diskret und indirekt mitteilen, daß Sie den Empfänger gut mögen, mehr nicht. Vielleicht ein kurzer Telefonanruf zum Geburtstag einer Freundin, eine kleine, aus den Ferien mitgebrachte Figur für den Sammler, eine kurze Mitteilung zu einem freudigen (oder traurigen) Ereignis, ein Blumenstrauß als kleines Dankeschön für eine Einladung – der Möglichkeiten gibt es viele.

Dale Carnegie beschreibt in seinem Klassiker »Wie man Freunde gewinnt«, wie er sich die Geburtstage von Bekannten merkt, um sie dann mit einer unerwarteten Glückwunschkarte zu überraschen. Er bringt das Gespräch auf Astrologie und erkundigt sich dann beiläufig nach dem Geburtstag seines Gesprächspartners. Dieses Datum merkt er sich und notiert es bei der erstbesten Gelegenheit.

Ich kenne eine Geschäftsfrau, die das Prinzip der kleinen Aufmerksamkeiten bis zur Perfektion verfeinert hat. Sie hat nicht nur ein Gespür für die richtige Mischung zwischen »zuviel« und »zuwenig«, sie hat auch eine ausgesprochen kreative Ader bei der Auswahl von persönlichen Aufmerksamkeiten. Ich habe sie einmal darauf angesprochen, um zu erfahren, wie sie es schafft, trotz ihrer starken beruflichen Belastung zu so vielen Leuten aufmerksam und nett zu sein. Ihre Antwort: Sekretärin und Computer.

Vielleicht wirkt das auf Sie ein wenig ernüchternd, aber im Grunde genommen spielt es keine Rolle, wie Sie sich organisieren. Der Computer als Gedächtnisstütze und die Sekretärin als Hilfe ermöglichen dieser Geschäftsfrau, ein Stück echte Herzlichkeit zu verwirklichen. Eine moderne Form der Captatio benevolentiae.

Aufmerksamkeiten sind die eine Seite der Medaille. Wenn Sie sich entschließen, mit kleinen Geschenken die Freundschaft zu erhalten, wie das Sprichwort sagt, werden Sie früher oder später auch die Kehrseite der Medaille kennenlernen: Gleichgültigkeit. Wenn Ihre gutgemeinten Gesten ohne Echo bleiben, wenn kein Dank zurückkommt und Sie nicht einmal wissen, ob die Blumen, die Pralinen oder die Geburtstagskarte überhaupt angekommen sind – wie gehen Sie mit dieser Situation um?

Sicher ist der Ärger über eine nicht verdankte Aufmerksamkeit groß und auch verständlich. In meinem Unmut über scheinbare Undankbarkeit habe ich mich auch schon dazu hinreißen lassen, durch das Geschäft nachfragen zu lassen, ob der Blumenstrauß den Empfänger überhaupt erreicht hat, oder bei der Post einen Nachforschungszettel für ein Paket laufen zu lassen. Meistens kommt dann nach einiger Zeit ein etwas verkrampfter Dank, der auf beiden Seiten wohl eher Schaden anrichten kann.

Wenn das Ausbleiben der Danksagung ein Einzelfall ist, können Sie sich vielleicht damit abfinden, daß irgendein Mißverständnis vorliegt oder daß der Dank schlicht vergessen wurde. Falls Sie aber echt betroffen sind, ist der direkte Weg der beste. Erkundigen Sie sich bei der nächsten Gelegenheit offen und ohne Schnörkel, ob das Geschenk angekommen ist, und schaffen Sie das Problem aus dem Weg. Wenn sich solche Fälle aber bei verschiedenen Personen häufen, werden Sie Ihre Idee hinterfragen müssen und nicht darum herumkommen, sich selbst einige unangenehme Fragen zu stellen:

- Habe ich übertrieben? War mein Geschenk zu persönlich gehalten, oder habe ich falsch gewählt? (Schlechte oder mangelnde Information?)
- Was war mein Motiv? Wollte ich wirklich Freude bereiten, oder ging es mir vielleicht nur darum, Dank zu erhalten?
- Ist dies das erstemal, daß eine Bestätigung ausblieb? Oder ist dies schon öfter geschehen?

Ihre ganz persönlichen Antworten auf solche und ähnliche Fragen werden Ihnen helfen, klarzusehen.

Es gibt aber auch Leute, die sich überhaupt nicht oder erst nach Monaten bedanken. Ich fasse das, wenn es wiederholt vorkommt, jeweils als Zeichen dafür auf, daß meine Aufmerksamkeiten unerwünscht sind, und stelle sie ein.

Wie behandeln Sie Trennendes?

Wenn Sie Differenzen irgendwelcher Art bereinigen müssen, seien es Streitigkeiten, Auseinandersetzungen, Meinungsverschiedenheiten oder andere Probleme, dann sollten Sie nicht mehr partnerbezogen vorgehen, sondern mit betonter Sachlichkeit. *Je schwieriger Ihre Position ist, desto sachlicher sollten Sie werden.* Falls Emotionen hochkommen, wie dies in solchen Situationen oft der Fall ist: Lassen Sie sich niemals provozieren, und halten Sie unbedingt Ihre eigenen Gemütsregungen unter Kontrolle! Nehmen Sie Anschuldigungen, Rechtfertigungen oder Richtigstellungen entgegen, aber gehen Sie nicht mehr als unbedingt nötig darauf ein. Ihr einziges Bemühen in dieser Phase soll sein, das Grundproblem zu eliminieren. Vermeiden Sie sowohl Angriffs- als auch Verteidigungshaltung, und lassen Sie sich kein schlechtes Gewissen einreden. Bemühen Sie sich um Sachlichkeit, und konzentrieren Sie sich auf die Lösung des Problems. Vergessen Sie nicht das Wort »fair«. Ein Appell an die Fairneß der anderen wirkt manchmal Wunder.

Vermeiden Sie unbedingt, daß sich die Diskussion um die Frage »Wer hat schuld?« dreht, denn solche Diskussionen bringen keine Resultate, sondern lediglich Enttäuschungen.

Ein negatives Beispiel:

A: »Weshalb haben Sie mir gestern den Telefonanruf von Herrn X. nicht ausgerichtet? Wir hätten beinahe ein Geschäft verpaßt!«

B: »Ich dachte, daß ich Sie noch sehen würde.«

A: »Sie hätten mir so oder so einen Zettel auf den Tisch legen müssen.«

B: »Aber ich rechnete damit, daß Sie nochmals zurückkommen würden ...«

A: »Jetzt soll ich Ihnen auch noch sagen, wie ich meine Zeit einteile ...«

B: »Nein, aber ...«

Viel Porzellan wird bei solchen Gesprächen zerschlagen, nur weil der eine Teil auf einem unwichtigen Detail herumreitet. Unzählige Diskussionen werden nach diesem Muster geführt. Alle sind unnütz und schaden nur. Das Gespräch hätte auch so verlaufen können:

A: »Gibt es einen Grund, daß Sie mir gestern den Telefonanruf von Herrn X. nicht ausgerichtet haben? Wir hätten beinahe ein Geschäft verpaßt!«

B: »Ich dachte, daß ich Sie noch sehen würde.«

A: »Nein, ich bin nicht mehr zurückgekommen. Aber hätten Sie mir für diesen Fall nicht eine Notiz hinterlassen können?«

B: »Nein, das war nicht nötig, weil X. sagte, er würde nochmals anrufen.«

A: »Hat er auch getan, und die Sache ist erledigt. Aber legen Sie mir sicherheitshalber nächstes Mal doch einen Zettel auf den Tisch. X. ist ein wichtiger Kunde ...«

Diese Variante des Gesprächs hat die Beziehung nicht strapaziert und außerdem dazu beigetragen, daß B. in Zukunft die Sache anders erledigen wird.

Lernen Sie, nein zu sagen!

Es kann aber sein, daß die gegenseitigen Standpunkte so starr sind, daß eine Annäherung undenkbar ist. Wenn beide Parteien kompromißlos auf ihrer Meinung beharren, wenn sich nichts mehr bewegt und keine Gesprächsbereitschaft mehr besteht, dann ist es schwierig, doch noch zu einem sachlichen Gespräch zu kommen. Dies ist der Zeitpunkt, wo Sie sich eingestehen müssen, daß Sie im Moment keine Möglichkeit haben, sich durchzusetzen. Auch dieses Eingeständnis gehört dazu, wobei die Betonung auf »im Moment« liegt. Das bedeutet nichts anderes, als daß der richtige Zeitpunkt noch nicht gekommen ist. Wie Sie solche Situationen im Laufe der Zeit aufweichen können, lesen Sie im Kapitel 3.6 »NEIN heißt JEIN«.

*

Zusammenfassung

Ihre Durchsetzungskraft mag noch so beeindruckend und Ihre Informationen mögen noch so gut sein – wenn das Klima nicht stimmt, dann werden Sie es schwer haben. Es ist deshalb wichtig, daß das Klima gepflegt und immer wieder sondiert wird. In diesem Kapitel wurde erklärt, wie man Konflikte vermeidet, wie man Partnerbezug herstellt und immer wieder überprüft, wie man Trennendes angehen muß.

2.3

Hinterfragen Sie das Motiv

Hinweis: Wenn Sie dieses Kapitel verarbeiten, laufen Sie eventuell Gefahr, gewisse Illusionen zu verlieren. Einiges, was hier behandelt wird, könnte auf Sie zynisch wirken und möglicherweise sogar Beziehungen entzaubern.

*

In einer Fernsehsendung wurde über das schweizerische Zementmonopol informiert, das sich eine Firmengruppe aufgebaut hatte. Jeder Sack Zement, der in diesem Land gekauft wurde, ging über diese Firma und warf Gewinn ab. Der Inhaber des Konzerns wurde gefragt, was er dazu zu sagen habe. Seine Antwort: »... als wir in diesem Geschäft anfingen, mußten wir feststellen, daß die Bergbevölkerung für einen Sack Zement mehr zahlen mußte als die Abnehmer im Tal oder in der Stadt. Wir fanden dies nicht gerecht und sorgten dafür, daß diese Diskriminierung aufhörte und alle zum gleichen Preis kaufen konnten.«

Der Firmeninhaber sagte das in vollem Ernst, und ich bin überzeugt, daß nur wenige Hörer diese Aussage hinterfragt haben. An jenem Tag weilte zufällig ein Bankier zu Besuch, der mit mir die Sendung anschaute. Sein trockener, aber treffender Kommentar: »... und zufälligerweise sind wir dabei auch noch reich geworden!«

Das ist ein gutes Beispiel, um aufzuzeigen, daß das vorgebrachte Motiv nicht unbedingt das wirkliche, echte sein muß. Wenn jemand Ihnen gegenüber als Grund für sein Verhalten etwas angibt, das allzu schön und selbstlos klingt, ist grundsätzlich leises Mißtrauen am Platz. Wenn sich später herausstellt, daß Ihr Mißtrauen ungerechtfertigt war, ist dies kein Unglück, und Ihre Fehleinschätzung ist schnell korrigiert. Diese Vorgehensweise bewahrt Sie vor Enttäuschungen und hält Sie auf der realistischen Seite des Lebens.

Wie viele Komplimente braucht der Mensch?

Ich sitze in einer Bar. Am Nebentisch zwei gutgekleidete Herren mittleren Alters, offensichtlich Geschäftsleute oder Touristen. Sie bleiben nicht lange allein, zwei Damen setzen sich zu ihnen, und es ist nicht zu verhindern, daß ich die Konversation mithöre. Sie dreht sich hauptsächlich darum, wie großartig, einmalig, interessant und unterhaltend die Herren seien, und als die eine Dame einem der beiden noch ein schamlos übertriebenes Kompliment für sein gutes Aussehen machte, konnte ich innerlich nur den Kopf schütteln und mich fragen, wie viele Komplimente der Mann noch ertragen könne. Unendlich viele, wie sich herausstellte, und je mehr Champagner er bestellte, desto unverfrorener wurden die Schmeicheleien. Die Dame hatte gewissermaßen den Schlüssel zu seiner Brieftasche gefunden.

Möglicherweise war der Gast naiv, oder vielleicht wollte er sich nur seinen Träumen hingeben. Hätte er sich aber nur ein einziges Mal darüber Gedanken gemacht, was seine Begleiterin *nachher*, im Kreis ihrer Kolleginnen, über ihn erzählt – er wäre bestimmt aus seinen Träumen erwacht.

Ich bin mir bewußt, daß Illusionen im täglichen Leben eine wichtige Rolle spielen; genauso wie die Verdrängung von unangenehmen Gedanken und Erinnerungen. Aber dies ist kein psychologisches Buch. Mit diesen Beispielen soll lediglich aufgezeigt werden, daß man allzu uneigennützigen Interessen vorerst einmal mißtrauen sollte.

Wir gehen immer davon aus, daß der Mensch »ein vernunftbegabtes Wesen« ist, wie Aristoteles vor mehr als 2200 Jahren formulierte.* Das klingt gut, ist aber ein gefährlicher Trugschluß. Der Mensch ist zwar tatsächlich vernunftbegabt, aber das will nicht heißen, daß er seine Vernunft immer einsetzt. Die Weltgeschichte ist seit Urzeiten davon geprägt, daß immer wieder unvernünftige Entscheide getroffen werden, die in vielen Fällen zum Krieg und zur Vernichtung ganzer Völkerstämme und Kulturen geführt haben. Es ist also eine Illusion zu glauben, daß wir immer mit Vernunft reagieren, und wir sind gut beraten, wenn wir immer die Möglichkeit einkalkulieren, daß etwas, was ganz vernünftig aussieht, anderen Motiven entspringen kann.

* Aristoteles hat durch seine Lehren vom Syllogismus (logischer Schluß vom Allgemeinen auf das Besondere) einen originellen Beitrag zur Dialektik geliefert. Sein berühmtes Beispiel, einen (falschen) Schluß aus zwei Prämissen zu liefern: »Der Mensch ist ein vernunftbegabtes Tier; Sokrates ist ein Mensch; also ist Sokrates ein vernunftbegabtes Tier.« Solche Schlüsse dienen weniger der Wahrheitsfindung als der Verdeutlichung eines Arguments.

Wie erkennen Sie, was echt oder was falsch ist? Die Natur hat uns mit einem klugen Hilfsmittel ausgestattet: dem gesunden Menschenverstand. Dieser ist mit einer Portion kritischen Mißtrauens ausgestattet worden, und Sie tun gut daran, darauf zu hören und sich selbst immer wieder so zu trainieren, daß Sie seine leise Stimme nicht überhören.

Eine andere Möglichkeit, Motive zu hinterfragen, ist manchmal schwer zu ertragen, aber äußerst nützlich. Lassen Sie Ihrer *ehrlichen* Phantasie freien Lauf. Wenn Sie sich vorstellen können, wie eine Begebenheit später kommentiert wird, werden Ihnen die Augen geöffnet. Lassen Sie vor Ihrem inneren Auge die Szene ablaufen, wenn die Dame aus unserem Beispiel die Begegnung mit dem Geschäftsmann ihren Kolleginnen schildert, und Sie wissen Bescheid.

Suchen Sie die wirklichen Motive

Wenn Sie die echten *Interessen*
der anderen Partei
gefunden haben,
werden Sie sich durchsetzen.

Alles, was Sie in diesem Buch über Gespräche, Zuhören, Fragen, Antworten und Beobachten lesen, dient schließlich einem einzigen Zweck: die wirklichen Motive der oder des andern aufzuspüren, damit sie mit Ihrer eigenen Motivation verschmolzen werden können. Wenn Ihnen das gelingt, halten Sie den Schlüssel in der Hand, mit dem Sie sich durchsetzen können.

Ein Fall aus meiner Praxis, der illustriert, wie Sie diese Taktik erfolgreich anwenden können:

Eine Erbengemeinschaft wollte ein Industriegebäude verkaufen. Die Liegenschaft befand sich an erstklassiger Lage im Zentrum einer Großstadt – eine einmalige Gelegenheit in bezug auf Lage und Preis. Dementsprechend groß war das Interesse; zahlreiche Käufer standen Schlange. Einer der Interessenten erzählte mir später, wie er die wirklichen Interessen sowohl der Verkäufergruppe als auch des Vermittlers für sein Ziel nutzen konnte. Durch geschickte Fragen fand er heraus, daß der Vermittler, ein chronisch überlasteter Anwalt, den Fall möglichst rasch abschließen wollte. Die betagten Verkäufer hingegen sorgten sich darum, daß mit dem Objekt spekuliert würde, und wollten unbedingt vermeiden, daß darüber in der Presse negativ berichtet werde.

Aufgrund der gesammelten Informationen, die er natürlich für sich behielt, erklärte mein Bekannter seine feste Absicht, die Liegenschaft als langfristige Anlage zu erwerben, und erklärte sich schriftlich bereit, während eines ganzen Jahres weder eine Kündigung auszusprechen noch Mietzinserhöhungen vorzunehmen. Im weiteren offerierte er, die Anwaltskosten der Erbengemeinschaft zu bezahlen, sofern die Angelegenheit innert zweier Wochen entschieden sei. Er erhielt den Zuschlag zu einem vernünftigen Preis, und das Objekt erwies sich in der Folge als eine sehr gute Investition.

Jeder andere Kaufinteressent hätte die gleichen Informationen bekommen können, und ich bin sogar überzeugt, daß mancher sie auch gehabt hat. Aber die Idee, gezielte Fragen zu stellen mit der Absicht, die wirkliche Motivation der Gegenpartei zu erfahren, diese Idee hatte nur mein Bekannter.

»Spielregeln« bekanntgeben

Nehmen wir an, Sie möchten ein großes Objekt kaufen, vielleicht eine Liegenschaft, eine Firma oder sonst ein Investitionsgut. Früher oder später wird sich die Frage nach der Provision des Vermittlers stellen, und oft fällt dann der Satz: »Die Provision wird vom Verkäufer bezahlt, das ist ein Vorteil für Sie.« Ist es nicht, denn dadurch decken sich die Interessen nicht mit denen des Käufers. Je höher der Preis, desto höher die Provision. Also haben Verkäufer und Vermittler die gleichen Interessen, und die richten sich gegen die Ihren. Ändern Sie die Interessenlage, schlagen Sie vor, die Provision selbst zu zahlen. Verlangen Sie gleichzeitig, daß die Kaufsumme um den Provisionsbetrag ermäßigt wird. Das ist fair, und man wird es Ihnen nicht abschlagen können. Dadurch sind Sie in einer neuen Position, haben den Vermittler auf Ihrer Seite und halten das Heft des Handelns in Ihrer Hand.

Was für die Werbung gut ist, ist für uns billig

Was die Werbung tagtäglich und sehr direkt tut, nämlich die Interessen und Bedürfnisse der Menschen zu erforschen und für den Verkauf auszunützen, das können auch wir tun, sogar noch viel differenzierter und persönlicher, weil wir uns ja meist an Einzelpersonen und nicht an Verbrauchergruppen wenden.

Früher war die Geschirrspülmaschine ein Privileg der Begüterten. Als die Massenproduktion in Gang kam und die Preise sanken, wurde eine große Werbeaktion gestartet, um Geschirrspüler in jeden Privathaushalt einzuführen. Die Botschaft dieser Werbekampagne lautet: »Wenn Sie sich einen Geschirrspüler kaufen, haben Sie mehr Zeit, das Leben zu genießen.« Der Erfolg blieb aus. Erst als man die Werbebotschaft in ». . . haben Sie mehr Zeit für Ihre Familie« änderte, trat der Erfolg ein. Dieser Slogan traf die Interessen der Hausfrauen und -männer und ermöglichte ihnen einen Kauf ohne schlechtes Gewissen.

Wer auf der Suche nach den Interessen des Gesprächspartners fündig wird, hat leichteres Spiel. Überlegen Sie: Wieviel Geld geben Sie aus, um Sachen zu kaufen, die maßlos teuer sind, nur weil sie »Statussymbole« darstellen? Was für Unfug wird doch allein mit dem Zauberwort VIP getrieben! Was symbolisieren die verschiedenen Gold- und Platinkarten der Kreditkartengesellschaften? Sie sollen – als äußeres Zeichen – Reichtum demonstrieren, sind aber, sachlich betrachtet, für den Benützer nur ein unnötiges Sicherheitsrisiko, genauso wie sein extrem teures Reisegepäck, das von Diebesbanden auf Flughäfen besonders beobachtet wird. Nicht zu sprechen von Prestigeautos, die einen Status repräsentieren sollen, der beim Fahrer meist gar nicht vorhanden ist. Ganze Industrien leben davon, solche Bedürfnisse zuerst einmal zu wecken und später auch abzudecken. Solche Prestigekäufe haben doch nur den einen Zweck: sich von der Menge abzuheben, Bewunderung, wenn nicht gar Neid, zumindest aber Interesse zu wecken.

Die Interessenlage verändern

Die prinzipielle Interessenlage können wir nicht verändern. Dazu braucht es stärkere Kräfte, als wir sie mobilisieren können. Wenn jemand von Natur aus träge und bequem ist und lieber auf der faulen Haut liegt, braucht er einen sehr starken Grund, um sportlich aktiv zu werden. Dies könnte zum Beispiel durch die Erwartungshaltung der Gesellschaft (der dynamische Manager joggt, »man« spielt Golf usw.) oder das Diktat der Mode (schlank ist beautiful) geschehen. Eine andere Motivation könnte sein, daß man deshalb »mitspielt«, weil man sich den Sanktionen entziehen will, welche die Gesellschaft für diejenigen bereithält, die sich nicht an ihre Normen halten.

Wenn Sie also die Interessenlage anderer Leute verändern wollen, müssen Sie versuchen, eine neue Motivation zu finden, die stärker ist und die mehr verspricht als die alte.

Sie müssen Argumente finden, die auf die jeweilige Person abgestimmt sind und von ihr akzeptiert werden können. Ein einfaches, alltägliches Beispiel, das in vielen Varianten existiert und Ihnen sicher bekannt ist:

Die Kundin im Laden zögert, ein bestimmtes Kleid zu kaufen. Offenbar ist ihr der Preis zu hoch. Je nachdem, was für eine Käuferpersönlichkeit sie ist und wie das bisherige Gespräch verlaufen ist, wird eines der folgenden Argumente geeignet sein, sie trotz des hohen Preises zu überzeugen.
»Sie können dieses Kleid bei vielen Gelegenheiten tragen – es ersetzt Ihnen zwei andere. Zudem ist es sehr pflegeleicht ...«
»Es gibt von diesem Modell nur ein einziges Stück. Es wird Ihnen also auf gar keinen Fall irgendwo begegnen ...«
»Es mag Ihnen vielleicht etwas teuer scheinen, dafür sieht man ihm dies auch an ...«

Wenn die Kundin das Kleid kaufen wird, ist es der Verkäuferin gelungen, eine starke Motivation (sparen) durch eine noch stärkere Motivation zu schlagen. Genauso funktioniert der Mechanismus, wenn Sie sich anderswo durchsetzen wollen. Die kleine Geschichte von Herrn X. und seiner Bereitschaft, die volle Provision zu zahlen, ist ein gutes Beispiel für den Versuch, eine zweite, stärkere Motivation zu überlagern. Ein anderes Beispiel:

Viele Leute gehen nur dann zum Zahnarzt, wenn sie starke Schmerzen haben, wenn also die erste Motivation (Angst vor dem Zahnarztbesuch) überlagert wird durch eine stärkere (den Schmerz zu eliminieren).

Ein Patient kommt mit starken Schmerzen zum Zahnarzt. Der Zahn muß raus. Eine einfache Extraktion kostet wenig und ist in wenigen Minuten erledigt. Die Wurzelbehandlung mit Krone hingegen kann leicht das Dreißigfache einer Extraktion kosten und sich über viele Sitzungen erstrecken. Wie überzeugt der Zahnarzt den Patienten?

Die Motivation des Arztes ist einfach. Wenn der Zahn gerettet werden kann, ist die Wurzelbehandlung vom medizinischen Standpunkt her zu empfehlen. Ich möchte den tüchtigen Zahnärzten nichts unterstellen, aber vielleicht spielt hie und da doch auch noch der Gedanke an ihr Bankkonto mit. Der Patient aber hat vorerst andere Interessen. Er will möglichst schnell und schmerzfrei wieder weg und möchte nicht mehr ausgeben als unbedingt nötig. Wie also überzeugt der Arzt den Patienten von der Wurzelbehandlung? Er versucht ebenfalls, die alten Motive durch neue zu überlagern, indem er dem Patienten klarmacht, wie wichtig die eigenen Zähne sind. Er hat dafür verschiedene Argumente auf Lager. Ein praktisches (mit der Zahnlücke können Sie nicht mehr so gut beißen), ein ästhetisches (die Lücke ist unschön) oder ein materielles (allenfalls brauchen Sie später eine Brücke, und die ist teuer) oder in hartnäckigen Fällen sogar alle zusammen.

Ein wenig Detektivarbeit

Eine Aufzählung sämtlicher Möglichkeiten, die Motivation anderer Leute zu hinterfragen und zu verändern, würde den Rahmen dieses Buches sprengen. Um die Motive Ihres Gesprächspartners zu hinterfragen, genügt keine noch so umfangreiche Liste. Gefordert sind unsere Kreativität und unsere Phantasie. Eine Lösung zu Ihrem Problem wird Ihnen dann einfallen, wenn Sie sich immer wieder die folgenden Fragen stellen:

Ist die Motivation glaubwürdig, die mein Partner oder meine Partnerin angibt, und hält diese Begründung einem kritischen Hinterfragen stand? Ist sie für mein Gefühl »stimmig«? Empfange ich unbewußte Signale, die auf eine andere Interessenlage schließen lassen könnten? Welche andere Motivation wäre denkbar?

Achten Sie auf die leise Stimme Ihres Gefühls und auf Ihre Intuition. Beobachten Sie Ihren Partner oder Ihre Partnerin: Augen, Reaktionen, Gestik, Kleidung, Schmuck, Schuhe. Dadurch können Sie sehr viel herausfinden, besonders wenn Sie Ihr eigenes Gefühl sprechen lassen und gelernt haben, diesem auch zu vertrauen. Die Art, wie jemand reagiert, verrät sehr viel. Wenn Sie über ein gutes Gedächtnis verfügen, so haben Sie es leichter, denn Sie können sich Dinge merken und rechtzeitig wieder ins Gedächtnis rufen, die anderen Leuten bereits entfallen sind. Jeder hat sein eigenes System. Wichtig ist, daß Sie dabei bleiben und Ihre

Fähigkeiten weiter ausbilden, so daß Sie immer mehr Selbstvertrauen erhalten und lernen, Ihren eigenen Beobachtungen zu vertrauen.

Eine große Gefahr sollten Sie noch kennenlernen. Wenn nämlich die *vordergründigen* Argumente ihres Gesprächspartners zufälligerweise mit Ihren eigenen Wünschen übereinstimmen, könnten Sie Ihrer eigenen Motivation zum Opfer fallen. Wenn Sie sich aber dieser Gefahr bewußt sind, werden Sie sich kaum von Ihrem eigenen Wunschdenken verführen lassen. Es wird Ihnen dann möglich, dieses ganz bewußt auszublenden.

*

Zusammenfassung

Nicht alles, was Sie zu hören bekommen, stimmt. Es ist deshalb wichtig, daß Sie die leisen Strömungen erfassen, die den Unterschied zwischen Wunschdenken und Realität ausmachen. In diesem Kapitel wurde erklärt, wie Sie die *wirklichen* Motive suchen können und wie Sie damit umgehen sollen. Oft ist es nötig, die Interessenlage des Gesprächspartners zu verändern. Hier haben Sie erfahren, wie diese Taktik erfolgreich angewandt wird.

3

So setzen Sie sich durch

In den nächsten Kapiteln lernen Sie die »handwerklichen« Fähigkeiten des Überzeugens kennen, wie zum Beispiel die richtigen Fragen zu stellen und die richtigen Antworten zu geben, zuzuhören, Körpersprache einzusetzen und zu entschlüsseln. Sie haben ein interessantes Kapitel vor sich, das Ihnen sagt, wie Sie den Grundstein zu weiteren Lernschritten legen und wie Sie Ihr eigenes Talent fördern können. Wie überall wird auch hier eine handwerkliche Fähigkeit um so wirkungsvoller und professioneller, je öfter man sie übt und vervollkommnet.

Zuerst werden Sie in die Frage-und-Antwort-Technik eingeführt anhand von vielen aus dem Leben gegriffenen Beispielen. Dann folgt ein Kapitel über die Redetechnik und über die in unseren Breitengraden sehr vernachlässigte Kunst des Zuhörens. Eines der wichtigsten Kapitel dieses Buches finden Sie gleich anschließend. Es trägt den Titel »NEIN heißt JEIN« und zeigt Ihnen, daß Sie ein NEIN nicht vorschnell akzeptieren sollen.

Ich möchte aber noch etwas anderes ansprechen, worüber nur selten geschrieben wird. Wenn Sie mir die Frage stellen, welches die wichtigste Eigenschaft für die Durchsetzung eigener Anliegen sei, lautet meine Antwort ohne zu zögern: die eigene Glaubwürdigkeit.

Die eigene Glaubwürdigkeit ist »heilig«; sie muß *um jeden Preis* bewahrt werden. Das eigene Wort muß *immer* und unter allen Umständen eingehalten werden. Mit der Glaubwürdigkeit ist es wie mit der Unschuld: Ist sie weg, dann für immer.

Es gibt einen Berufsstand, der heute fast ausgestorben ist und der für mich Sinnbild ist für das, was ich Glaubwürdigkeit nenne: den Viehhändler. Ich weiß, wovon ich rede, denn ich bin auf einem Bauernhof aufgewachsen, und mein Vater kaufte und verkaufte Kühe und Kälber. Ich erinnere mich noch genau, wie zwischen Käufer und Verkäufer endlos über den Preis verhandelt wurde, bis dann schließlich der berühmte Handschlag erfolgte. Es gab keinen Vertrag, kein Wort wurde geschrieben, dieser eine Handschlag besiegelte das Geschäft endgültig. Jeder der beiden Geschäftspartner konnte sich voll auf das Wort des anderen verlassen. Undenkbar, daß einer der beiden sein Wort gebrochen hätte – es wäre sein geschäftlicher Ruin gewesen.

Aber nicht nur Ihre eigene Glaubwürdigkeit ist wichtig. Sie müssen auch wissen, ob Ihr Gesprächspartner ihr Vertrauen in dieser Hinsicht verdient, und dazu ist es nötig, seine Glaubwürdigkeit zu testen. Eine Möglichkeit dazu bietet interessiertes, neugieriges Zuhören. Im Kapitel 3.4 »... und zuhören können« werden Sie nachlesen, wie viele Informationen durch diese Methode zu bekommen sind.

3.1

Geschickt fragen...

Fragen
sind der »schwarze Gürtel«
der Überzeugung

Zwei Mönche, beides starke Raucher, konnten es nicht lassen, während des Gebets zu rauchen, hatten aber dabei ein schlechtes Gewissen. Um dieses Dilemma zu lösen, schrieb jeder dem Papst einen Brief, um dessen Meinung zu erfahren. Nach drei Wochen kamen sie wieder zusammen und stellten zu ihrer Überraschung fest, daß der Papst dem einen die Erlaubnis erteilt hatte, dem anderen jedoch das Rauchen verboten hatte. Nachdem sie ihre Briefe verglichen hatten, fanden sie des Rätsels Lösung. Der erste Mönch hatte gefragt: »Darf ich während des Gebets rauchen?«, und die Antwort lautete »Nein«. Der zweite Mönch aber hatte seine Frage anders formuliert: »Darf ich während des Rauchens beten?«

Fragen sind die mächtigste und wirkungsvollste Form der Gesprächsführung. Wer es versteht, richtig zu fragen (und damit meine ich auch nachfragen und hinterfragen), beherrscht die Diskussion und kann sie in jede gewünschte Richtung lenken.

Wichtig: Die Technik der Fragestellung, die ich hier beschreibe, hat ihren Ursprung im Geschäftsleben. Hier müssen Sie sich durchsetzen, wollen Sie das Feld nicht der Konkurrenz überlassen. Sie können es sich nicht leisten, Rücksicht auf die Empfindlichkeit der Konkurrenz zu nehmen. Anders im Privatleben. Ich warne davor, hier diese Technik undifferenziert anzuwenden. Sonst laufen Sie Gefahr, Beziehungen zu strapazieren.

Gerade weil Fragen ein so mächtiges Hilfsmittel der Kommunikation sind, sollten Sie sehr sparsam damit umgehen. Nichts ist ärgerlicher als ein Wasserfall leerer Fragen. Wer so fragt, ist entweder unfähig zu richtiger Kommunikation oder drückt sich vor einem echten Gespräch. Zu einer ehrlich gemeinten Frage gehört auch, daß Sie Ihrem Gegenüber Zeit geben, sie zu beantworten und eine Gegenfrage zu stellen. Nur so bekunden Sie Interesse.

Fragen sind die Brücke zum Dialog

Mit Fragen können Sie eine Brücke zum Dialog schlagen. Sie treffen zum Beispiel eine Bekannte, von der Sie wissen, daß sie in einer persönlichen Krise steckt. In einer solchen Situation reden die meisten Menschen krampfhaft von allem möglichen, nur nicht von dem, was den andern in erster Linie beschäftigt. Dadurch zeigen beide Parteien eine Fassade, die nur mühsam aufrechterhalten werden kann. Aber gerade hier könnten Sie eine Brücke bauen, deren Pfeiler anteilnehmendes Interesse und Bereitschaft zu Hilfe sind. Natürlich sind neugierige Fragen aus Sensationslust fehl am Platz. Aber Fragen wie: »Möchten Sie über Ihre Probleme reden? Ich bin ein guter Zuhörer« oder sogar eine zurückhaltende, aber direkte Frage wirken hier Wunder.

Wichtig ist, daß die Frage Ihrem Gegenüber die Freiheit der Wahl läßt, darauf einzutreten oder eben nicht, also daß es selbst den weiteren Verlauf des Gesprächs bestimmen kann. So bauen Sie eine Dialogbrücke, auf der Sie sich gegenseitig näherkommen. Ob es sich um die »Warum-Frage« eines Kindes handelt oder um die rhetorischen Sternstunden eines Sokrates – wenn Sie über das »Fragestellen« nachdenken, werden Sie sich bewußt, daß Sie mit keinem anderen Kommunikationsmittel Ihr Interesse so deutlich ausdrücken können. Sie möchten etwas wissen oder zweifeln etwas an, Sie wollen Reaktionen prüfen, Meinungen einholen, kritisieren oder loben, provozieren – das alles ist Kommunikation in reinster Form.

Wer sich durchsetzen will, muß überzeugen können, und wer überzeugen will, kommt um das Mittel der Frage nicht herum. Bevor wir aber die Frage für unseren Zweck nutzbar machen und lernen, sie richtig einzusetzen, wollen wir uns über deren Natur klarwerden.

Jede Frage beeinflußt

Diese Tatsache ist an sich weder gut noch schlecht, sondern wertfrei zu betrachten. Man verfügt beim Fragen über viele Stilmittel, die wir gezielt einsetzen können wie beispielsweise die Betonung.

Wenn ich frage: »Wie geht es dir *heute*?«, so teile ich meinem Gegenüber auf einer Parallelspur mit, daß ich nur wissen will, wie es ihm heute, im Gegensatz zu gestern, geht. Das ist ein großer Unterschied gegenüber der Frage: »Wie *geht* es dir?«, die als Routinefrage aufgefaßt wird.

Diese Parallelspur ist von großer Bedeutung. Es ist weniger wichtig, *was* gefragt wird, sondern was wir auf der Parallelspur (unausgesprochen) übermitteln. Hier liegt das wahre Interesse, das sich hinter der Frage versteckt. Bestimmt kennen Sie das kleine, etwas bösartige Experiment, das Sie jederzeit durchführen können und das die Theorie von der Parallelspur verdeutlicht. Als »Spielpartner« benötigen Sie einen jener zahlreichen Vielredner, die pausenlos drauflosschwatzen. Solche Mitmenschen gibt es in jedem Bekanntenkreis. Nehmen wir an, Sie treffen jemanden aus dieser Spezies, und er begrüßt Sie mit der Standardfrage: »Wie geht es Ihnen?«

Wetten, daß es keine Rolle spielt, was Sie antworten, sofern Sie gewisse Regeln befolgen!

Versuchen Sie es, und antworten Sie, in Tonfall, Körperhaltung und Gesichtsausdruck einer »O.k.-Antwort«: *»Danke für die Nachfrage, es geht mir sehr gut, ich habe starke Migräne, und wie geht es Ihnen, was gibt es Neues?«*

Mit großer Wahrscheinlichkeit hat Ihr Gegenüber den Inhalt Ihrer Antwort überhaupt nicht zur Kenntnis genommen und wird nach dem Stichwort »Was gibt es Neues?« von sich zu erzählen beginnen.

Mit der Frage »Wie geht es Ihnen?« hat er zwar ein Interesse Ihnen gegenüber bekundet, aber auf der Parallelspur, erkennbar durch Körperhaltung und Tonfall, hat er etwas ganz anderes signalisiert, nämlich Desinteresse und den Wunsch, so schnell wie möglich von sich selbst zu erzählen. Solchen Diskrepanzen zwischen dem, was gesagt wird, und dem, was gemeint ist, begegnen wir täglich. Zunächst scheint es schwer, sie zu erkennen, aber durch viel Übung lernen Sie, die Finessen herauszuhören. Für uns ist wichtig zu wissen:

Der wesentliche Teil der Frage
befindet sich in der (versteckten)
Information der Parallelspur.

Warum stellen wir Fragen?

Wir glauben, daß wir Fragen stellen, um Antworten zu erhalten. Aber so einfach ist die Sache nicht. Mit Fragen beeinflussen wir Stimmungen, prüfen die Gesprächspartner, greifen in eine Diskussion ein und lenken deren Verlauf.

Der Reflex, Fragen zu beantworten (oder nicht zu beantworten – was ja oft einer Antwort gleichkommt), ist in unserer Kindheit so stark entwickelt worden, daß sich praktisch alle bei der Beantwortung einer Frage selbst verraten.

Wenn der Lehrling einen Brief zur Post bringen muß und erst nach zwei Stunden wieder zurückkommt, so werden Sie wenig Erfolg haben mit der Frage: »Wo waren Sie so lange?«, weil er sich längst eine Antwort zurechtgelegt hat. Fragen Sie aber zum Beispiel: »Haben Sie am Schalter lange anstehen müssen?« oder »Haben Sie Bekannte getroffen?«, werden Sie, wie immer die Antwort ausfallen mag, zusätzliche Informationen erhalten und können dann entscheiden, ob und wie Sie weiterfragen wollen.

Wie stellen Sie die richtigen Fragen?

Um die »richtigen« Fragen zu stellen, müssen Sie sich innerlich auf den Gesprächspartner und seine Interessenlage einstellen, gut beobachten, zuhören und das Umfeld berücksichtigen. Daraus resultieren meistens Fragestellungen, die aber in den seltensten Fällen endgültige Antworten zulassen.

Die besten Fragen
sind Open-end-Fragen

»Open end« nennt man auch jene Fernsehdiskussionen, die so lange dauern, wie der Stoff reicht, deren Ende also im Programmheft nicht ausgedruckt ist. Open-end-Fragen, Sie können sie auch offene Fragen nennen, sind »Fragen ohne Ende«, also eine Frage, die so angelegt ist, daß sie nicht mit »ja«, »nein« oder mit »vielleicht« beantwortet werden kann. Eine Open-end-Frage ruft immer nach weiteren Fragen.

Da diese Frageform eine Fortsetzung hat, müssen wir uns mit der Tatsache befassen, daß es »Ein-Frage«-Fragen und »Mehr-Fragen«-Fragen gibt. »Darf ich noch etwas Spinat ...?« ist eine kurze, problemlose Frage, die in sich geschlossen ist, keine Fortsetzung verlangt und ihren Zweck ohne Komplikation erfüllt. Die Situation ist klar und eindeutig: Entweder gibt es Spinat oder nicht. Aber die meisten Probleme sind natürlich anspruchsvoller; sie sind nicht so rational und zeitsparend zu behandeln. Die Frage: »Wieviel haben Sie letztes Jahr verdient?« zum Beispiel ist eine Frage, die mehrere Stufen benötigt. Als Einzelfrage wird sie nicht beantwortet werden (schon gar nicht von Europäern), und der Fragende erhält kaum mehr eine zweite Chance.

Vor einigen Jahren leitete ich eine mittlere Firma, die eine Marktnische ausfüllte und so erfolgreich war, daß sie den Übernahmeappetit von Konkurrenten weckte. Ein unfairer Konkurrent verbreitete das (unwahre) Gerücht, die Firma sei zu verkaufen. Es war für mich außerordentlich interessant zu beobachten, wie im einzelnen darauf reagiert wurde. Einige Konkurrenten stellten am Telefon die direkte Frage, ob die Firma zu verkaufen sei. Recht plump, nicht wahr? Man stelle sich meine Situation vor: Ein Konkurrent, der bisher jeden unserer kleinsten Fehler zu seinem Vorteil ausnützte und mit dem ich im tagtäglichen Clinch lag, fragt mich an, ob die

Firma zu verkaufen sei. Eine solche Fragestellung läßt doch keine andere Wahl zu, als unmißverständlich und kompromißlos nein zu sagen, denn jede andere Antwort würde meine Glaubwürdigkeit zerstören; ich müßte ja damit rechnen, daß er selbst diese Information zu meinem Nachteil ausnützen würde.

In diesem Beispiel sind sämtliche möglichen Fehler gemacht worden: Das Umfeld war ungünstig, und es wurde kein Versuch gemacht, dies zu ändern; die Frager hatten sich nicht in meine Interessenlage hineingedacht und hatten mit dem Telefon zudem das falsche Medium gewählt.

Auf diesen Punkt werde ich noch eingehen. Was uns in diesem Zusammenhang jedoch besonders interessiert, ist die Tatsache, daß ein Konkurrent versucht, eine komplexe Information mit einer einzigen, direkten Frage herauszufinden, was zwangsläufig schiefgehen mußte (siehe: »Die geschlossene Frage«).

Unterteilen Sie die Fragen in Einzelschritte

Was hätte er besser machen können? Richtig wäre gewesen, das Gespräch mündlich zu führen oder durch eine Drittperson vermitteln zu lassen. Und wenn er schon, aus welchen Gründen auch immer, das Telefon benützen wollte, wäre es sinnvoll gewesen, die Aufgabe in mehrere Schritte zu unterteilen, zum Beispiel so:

1. Das *Klima* verbessern
mit Fragen wie: »Eigentlich sind wir Konkurrenten, aber heute komme ich in einer persönlichen (heiklen) Angelegenheit zu Ihnen ...« oder »... störe ich, oder hätten Sie jetzt schnell Zeit für eine etwas heikle Frage ...?«

2. Die eigene *Glaubwürdigkeit* betonen,
zum Beispiel: »... auch wenn wir im Geschäftsleben Konkurrenten sind, so weiß ich Privat und Geschäft sehr gut zu trennen. Ich möchte Sie deshalb etwas Privates fragen ...« oder »... ich rufe Sie direkt an, weil ich möchte, daß niemand von unserem Gespräch erfährt.«

3. Die *Kernfrage* stellen,
beispielsweise: »Ich habe Gerüchte gehört, daß Sie unter gewissen Umständen daran interessiert wären, einen Partner zu finden ...« oder »Carlo Sutter (ein gemeinsamer Bekannter) hat mir gesagt, Sie möchten sich gelegentlich anderen Aufgaben zuwenden ...«

4. Eine *Antwort* provozieren,
etwa: »... und da habe ich mir gesagt, dies wäre eine Gelegenheit, daß wir uns wieder mal sehen (persönlich kennenlernen) könnten. Wäre das auch in Ihrem Sinn?« oder »Ich würde mich gerne mit Ihnen treffen. Wäre Ihnen das recht?«

Um Aussicht auf Erfolg zu haben, brauchen wir also in diesem Fall vier Frage-Schritte, von denen jeder einzelne mit dem nächsten zusammenhängt. Dadurch lassen wir »die Leine locker« und geben trotzdem die Kontrolle nie aus der Hand. Dies bringt uns zum nächsten Merksatz:

> *Wichtige Fragen müssen Sie*
> *in kleine Schritte*
> *unterteilen!*

Diese Vorgehensweise hat noch einen weiteren Vorteil: Sie bleiben flexibel. Auch wenn wir durch irgendeine Störung unterbrochen werden oder wenn der Gesprächspartner ungeduldig oder beleidigt reagiert, können wir nach einer Beruhigungsphase jederzeit den nächsten Schritt einleiten oder unseren Plan vorübergehend abbrechen.

Es gibt für jede Frage den richtigen Zeitpunkt.

> *Die Absicht haben, eine Frage zu stellen,*
> *heißt noch lange nicht,*
> *sie jetzt und sofort stellen zu müssen.*

Verschiedene Fragetypen

Die Frage, verstanden als Mittel der Argumentation, der Überzeugung, der Durchsetzung, hat viele Facetten. Sie können sie elegant einsetzen, wie ein Fechter sein Florett, quasi um des Spiels willen, ohne verletzen zu wollen. Sie können sie aber auch gefährlich und brachial benutzen, wie ein Zweihänder-Schwert, in der bewußten Absicht, Wunden zu schlagen. Oder Sie können Ihre Frage aus dem Hinterhalt abschießen, wie ein Heckenschütze. Ich empfehle das Florett.

Aber nur wenn Sie die Absicht, das Ziel einer Frage kennen, können Sie auch die Wirkung einplanen und richtig damit umgehen.

Grundsätzlich können Fragen in zwei Hauptgruppen unterteilt werden:

1. Die geschlossene Frage
2. Die offene Frage

Beinahe jede Frage kann »geschlossen« oder »offen« gestellt werden.

»Offen« nennen wir eine Frage dann, wenn Ihr Gesprächspartner sie so beantworten kann, daß weitere Fragen angehängt werden können. Deshalb auch der Begriff »Open-end-Frage«. »Geschlossen« ist eine Frage dann, wenn sie mit »Ja« oder »Nein« abschließend beantwortet werden kann.

Damit wir vergleichen können, möchte ich Ihnen eine harmlose Situation schildern, die Ihnen vertraut sein wird:

Sie betreten ein Elektrogeschäft und wollen einen Radiowekker kaufen. An der Ladentür hängt ein Plakat: »Nettopreise – kein Rabatt«. Trotzdem nehmen Sie sich vor, einen Rabatt herauszuholen. Sie sind die einzige Kundin und werden von einem Verkäufer bedient. Wie gehen Sie vor?

Die geschlossene Frage

Zweck: Sie erhalten rasch eine Antwort.
Vorteil: keiner.
Nachteil: blockiert den Gesprächsfluß, etabliert eine unerwünschte Hierarchie.
Gefahr: kann zum Verlust der Kontrolle führen.
Beispiele: »Geben Sie Rabatt?«
»Geht es Ihnen besser?«
»Werden Sie das Budget erreichen?«
»Wer ist dafür verantwortlich?«
»Haben Sie den Brief zur Post gebracht?«
»Sind alle Abteilungschefs zur Sitzung eingeladen?«
»Haben Sie mein Flugticket bestellt?«

Vermeiden Sie es, Fragen zu stellen, die mit »Ja« oder »Nein« beantwortet werden können, denn dann befinden Sie sich in einer Sackgasse. Ein Gesprächspartner, der mit »Ja« oder »Nein« antwortet, hat sich festgelegt, und Sie benötigen zusätzliche Energie, um ihn wieder zu lockern.

In unserem Beispiel ist die Antwort naheliegend: »Nein!« Der Zeigefinger des Verkäufers weist auf das Plakat. Damit ist bereits ein gehässiger Ton im Gespräch, den Sie nicht gebrauchen können, wenn Sie Ihr Ziel erreichen wollen. Oder aber der Verkäufer ist gut gelaunt und sagt: »Aber nein, Rabatt gibt es bei uns nicht.« Dann haben Sie zwar noch eine kleine Chance, aber Ihre Position ist sehr viel ungünstiger geworden, und Sie riskieren, die Kontrolle abgeben zu müssen. Auf jeden Fall läuft das Gespräch Ihren Interessen zuwider.

Was tun Sie, wenn der Verkäufer antwortet: »Nein, bei uns zahlen alle Kunden die gleichen Preise. Wir haben noch nie Unterschiede gemacht. – Soll ich es als Geschenk einpacken?« Weil Sie die Kontrolle verloren haben (*er* stellt jetzt die Fragen), ist der Gesprächsfluß blockiert. Sie sind auf einen Profi gestoßen und haben im Moment keine andere Wahl, als den Rückzug anzutreten. Oder Sie sollten diesen Verkäufer für Ihren eigenen Betrieb engagieren.

In unserem Beispiel wurde nur ein einziger Fehler gemacht: Eine direkte Frage wurde ins Blaue hinaus gestellt, *ohne daß die Fragestellerin auf die Antwort vorbereitet gewesen wäre. Sie haben Ihre Frage gestellt, ohne daß Sie die Informationen, die Ihnen zur Verfügung standen, ausgewertet haben.* (Siehe Kapitel 2.1 – »Informationen sind das Fundament«.)

Die offene Frage

Zweck	Sie halten das Gespräch im Fluß, zeigen Interesse an der Gegenposition, benutzen Informationen, die Ihnen zur Verfügung stehen.
Vorteil:	Sie lassen »die Leine locker«, ohne die Kontrolle abzugeben.
Nachteil:	Sie sind darauf angewiesen, daß der andere mitmacht. Wenn er schlecht gelaunt ist und einsilbig antwortet, laufen Sie ins Leere. Sie benötigen mehr Zeit als für die geschlossene Fragestellung.

Gefahr: Wenden Sie keine »Kreuzverhörmethode« an. Bombardieren Sie Ihr Gegenüber nicht mit Fragen. Das wirkt kontraproduktiv.

Beispiele: »Wie sieht Ihre Rabattpolitik aus?«
»Wann wurden Sie aus dem Spital entlassen?«
»Wie lange brauchen Sie noch, um Ihr Budget zu erstellen?«
»Wer hat die Verantwortung übernommen?«
»Wie viele Postschalter waren geöffnet?«
»Wer ist zu dieser Sitzung eingeladen worden?«

Hier will ich auf einen Kardinalfehler hinweisen, der von Anfängern immer begangen wird: Die Fragen werden viel zu schnell gestellt, im Stil eines Kreuzverhörs. Diese Methode führt zu Aggressionen beim Gesprächspartner und löst Abwehr aus.

Es ist demnach wichtig, die offenen Fragen richtig zu dosieren. Hier einige Beispiele, wie Sie es *nicht* machen sollten:

F: »Wie sieht Ihre Rabattpolitik aus?«
A: »Wir haben keine Rabattpolitik, denn ...«
F: (unterbricht) »... aber ich weiß, daß Sie manchmal Rabatt geben, stimmt das etwa nicht?«
A: (zögernd) »Ja, schon, aber eigentlich nicht, nur in besonderen Fällen ...«
F: »... also, wie sieht es aus? Wieviel Rabatt geben Sie?«
A: (antwortet entschieden) »In Ihrem Fall gar keinen. Sehen Sie das Plakat dort? Da haben Sie es schwarz auf weiß geschrieben!«

In diesem kurzen Gespräch sind zwar die Regeln der offenen Frage befolgt, aber alle Chancen verspielt worden, weil zu aggressiv nachgefaßt wurde.

Das gleiche Gespräch hätte sich auch folgendermaßen abspielen können:

F: »Wie sieht Ihre Rabattpolitik aus?«

A: »Eigentlich haben wir gar keine Rabattpolitik, wir verkaufen an Passanten zum angeschriebenen Preis.«

F: »Mir gefällt diese Politik, ich finde sie gut. Ich selbst bin allerdings Stammkunde und habe schon früher bei Ihnen gekauft. Wie ist das übrigens mit ...« (erkundigt sich nach einem technischen Detail, um das Thema zu wechseln, vor allem aber, um die negative Antwort, die in der Luft liegt, nicht zu provozieren).

A: beantwortet die technische Frage.

F: »Vielen Dank für die gute Beratung. Ich möchte den Apparat gleich mitnehmen. Können wir uns auf einen Stammkundenrabatt einigen? Liegen 10 Prozent drin?«

A: (Gegenfrage): »Was haben Sie denn bei uns schon gekauft?«

F: »Einen Fernseher, und zwar bei Herrn Amrein. Ist er immer noch bei Ihnen?«

A: »Ja, sicher. Also das geht in Ordnung mit diesen 10 Prozent ...«

Der Unterschied dieser zwei Beispiele liegt in der (alles entscheidenden) zweiten Frage. Dort sind die Weichen gestellt worden.

Offene Fragen führen automatisch zu einer Kette von Einzelfragen, die aber alle einen Zusammenhang und (für den andern allerdings noch nicht sichtbar) ein gemeinsames Ziel haben. Um den Fragefluß aufrechtzuerhalten, sollten Sie sich folgende Regel merken:

Das Thema für die nächste Frage
liegt in der letzten Antwort.

Sie können aber nur dann zielgerichtete Fragen stellen, wenn Sie auch über die entsprechenden Informationen verfügen. In unserem Beispiel brauchen Sie Auskünfte über die Organisation des Geschäftes, die Kompetenzen des Verkäufers, über seine momentane Stimmung und über das Produkt ganz allgemein. Und wieder können wir Fragen einsetzen, um zu diesen Informationen zu gelangen.

Nebst der Hauptkategorie der offenen und geschlossenen Fragen gibt es noch Fragetypen, die einen bestimmten Zweck verfolgen. Alle diese Fragen können sowohl offen als auch geschlossen gestellt werden. Es sind dies:

1. Die Informationsfragen
2. Die Lenkfragen
3. Die Suggestivfragen
4. Die Konversationsfragen

Die Informationsfragen

Zweck:	liefern Ihnen Informationen, Ideen und die Entscheidungsgrundlagen für Ihr weiteres Vorgehen;
Vorteil:	bringen echte und unverfälschte Informationen, die sonst schwer erhältlich sind;
Nachteil:	brauchen verhältnismäßig viel Zeit;
Gefahr:	Die Neugierde darf nicht aufdringlich wirken, sonst verschließt sich der Gesprächspartner.
Beispiele:	»Ich möchte einen Computer kaufen. Welche Marke verkaufen Sie am meisten?« (Damit finden Sie heraus, wie kompetent er ist und was er von der Materie versteht.) »Ich habe 1991 einen Computer bei Ihnen gekauft. Gilt die Garantie noch?« (Damit finden Sie einiges heraus über die Organisation der Firma und können beurteilen, ob Sie es mit dem Chef des Hauses oder mit einem Verkäufer zu tun haben.) »Wer hat die Verantwortung dafür übernommen?« (Eine solche Frage bringt wichtige Informationen, wenn Sie gut beobachten und zuhören können.)

Eine gute Informationsfrage soll Informationen bringen, ohne daß sich Ihr Gegenüber dessen bewußt wird. Um dieses Ziel zu erreichen, müssen Sie für die meisten Informationsfragen mehrere Teilfragen einsetzen. Normalerweise beginnen Sie mit einer offenen Frage, denn diese gibt Ihnen die besten Möglichkeiten nachzufassen. Dieses Nachfassen kann, wenn Sie Glück haben, sofort erfolgen. Aber oft geht das Gespräch in eine andere Richtung, so daß Sie es mit Lenkfragen (siehe Seite 105) wieder behutsam zurückbringen müssen.

Es gibt noch einen besonderen Typ von Informationsfragen, bei dem Sie sehr vorsichtig sein müssen: die Überraschungsfrage, genauer »die Überrumpelungsfrage«. Sie ist kein Kompliment für den Empfänger, denn Sie gehen davon aus, daß er sich bluffen läßt und etwas ausplaudert, das er eigentlich für sich behalten möchte. Daß eine solche Frage unfair ist, muß ich nicht besonders erwähnen.

Erfahrungsgemäß wirken Überraschungsfragen oft kontraproduktiv, wecken Aggressionen, machen mißtrauisch und warnen vor weiteren unfairen Angriffen. Es gibt Menschen, die mit solchen Fragen arbeiten, und deshalb müssen auch Sie sie kennenlernen. Solche Fragen werden aus dem Hinterhalt gestellt, wobei der gleiche Tonfall benützt wird wie in der vorhergehenden Konversation. Der Frager behält seinen Gesichtsausdruck unverändert bei. Die Frage wird so formuliert, daß sie als unwichtige Nebenfrage getarnt ist.

Überraschungsfragen sind zum Beispiel:
- »Wieviel haben Sie für den Verkauf des Hauses gelöst?«
- »Was verdienen Sie jetzt so im Monat?«
- »Läuft das Verhältnis mit Rosemarie immer noch?«
- »Wieviel unversteuertes Geld besitzen Sie?«
- »Schlagen Sie Ihren Hund immer noch?«

Wer mit solchen Fragen arbeitet, rechnet damit, daß er durch die Art und Weise der nichtverbalen Reaktion eine »Antwort« erhält, selbst wenn die eigentliche Frage nicht beantwortet wird. Aber damit begibt er sich auf das Glatteis der Spekulation. Wenn Ihr Gesprächspartner merkt, was Sie bezwecken, wird er Ihnen die Frage in den allermeisten Fällen sehr übel nehmen.

Die Lenkfragen

Lenkfragen sind gezielte Fragen, die wir mit Absicht stellen, um eine Veränderung des Gesprächs zu bewirken. Wenn Sie Lenkfragen richtig anwenden, werden Sie häufig mit Assoziationen nahe am Kern des Interesses arbeiten.

Zweck: Lenkfragen geben dem Gespräch eine andere Wendung;

Vorteil: bereiten einen Themenwechsel vor und bringen das Gespräch in die gewünschte Richtung;

Nachteil: keiner,

Gefahr: Lenkfragen müssen Sie subtil handhaben, damit Ihre Absicht nicht sogleich erkannt wird. Anderseits besteht, falls Sie ungenau gezielt haben, die Gefahr, daß das Gespräch Ihrer Kontrolle entgleitet. Wenn die Richtungsänderung abrupt erfolgt, wird der Gesprächspartner mißtrauisch oder verärgert, und dies wäre für unser Gespräch kontraproduktiv.

In unserem vorangehenden Beispiel hat der Verkäufer auf die direkte Frage nach einem Rabatt geantwortet: »Nein, es tut mir leid, das ist nicht möglich.« Eine vorstellbare, allerdings sehr direkte Lenkfrage darauf: (lächeln) *»Was muß ich tun, um es zu ermöglichen?«*

Aber bei unserem Beispiel ist es besser, die direkte Frage überhaupt zu vermeiden.

Ein Beispiel:
Sie sind eingeladen, und der Gastgeber erzählt ununterbrochen von seinen Ferien in Kenia. Die ganze Gesellschaft langweilt sich. Sie möchten das Thema wechseln, aber er läßt Sie kaum zu Wort kommen, erzählt minuziös jedes Detail der Reise und ist inzwischen beim kleinen Flugzeug angelangt, mit dem die Reisegruppe auf Safari geflogen wurde. Das Gespräch könnte dann etwa so verlaufen:

Gastgeber: »... und wir hatten einen solchen Orkan, daß wir in diesem kleinen Flugzeug furchtbar durcheinandergeschüttelt wurden und ...«

Sie: (sofort): »Mußten Sie die Sicherheitsgurte tragen? Waren überhaupt welche vorhanden?«

Gastgeber: »Nein, es wurde keine Kontrolle gemacht, aber wir haben sie natürlich trotzdem umgelegt.«

Sie: »Ich wollte schon immer wissen, wie lange der Flug nach Kenia dauert. Der muß ja endlos lang sein. Um welche Zeit mußten Sie abfliegen?«

Und von hier aus können Sie das Gespräch gelassen auf Zollfreiläden, die Gefahr der Fliegerei, auf die kenianische

Küche und ähnliches lenken. Auf jeden Fall haben Sie die Safari ausgestanden: *Sie haben die Führung des Gesprächs übernommen.*

Lenkfragen sind auch wichtig in der Endphase eines Gespräches. Nehmen wir an, Ihr Gesprächspartner will einfach nicht zum Ende kommen. Er spricht und spricht, aber Sie möchten ihn nicht durch ein abruptes Abbrechen der Unterredung vor den Kopf stoßen, obwohl bereits ein neuer Termin drängt. Was tun Sie? Was Sie sicher *nicht* tun sollten: auffällig auf die Uhr schauen oder sie sogar ans Ohr halten, um zu kontrollieren, ob sie noch geht, Ihre Akten bündeln und wegpacken oder das Wörtchen »also ...« einsetzen.

Es gibt eine subtilere Methode. Und hier kommt uns etwas entgegen, das jede und jeder bereits besitzt und ohne weiteres weiterentwickeln kann: unsere Fähigkeit zur Assoziation. Dieses Wort wird im Duden wie folgt erklärt: »Verknüpfung von Vorstellungen, von denen die eine die andere hervorrufen kann.« Damit können Sie dem Gespräch jene Wendung geben, die Sie wünschen.

Ein Beispiel:
Versuchen Sie vorab ausfindig zu machen, was Ihr Gesprächspartner anschließend an Ihre Unterredung tun wird. Dies gibt Ihnen Gelegenheit, in diesen Bereich zu zielen. Nehmen wir an, daß Sie am Anfang des Gesprächs erfahren, daß er anschließend eine Verabredung mit dem Zahnarzt hat. Wenn Sie jetzt irgend etwas im Zusammenhang damit erwähnen, zum Beispiel von Ihren Zahnschmerzen erzählen oder die Adresse eines guten Zahnarztes erfragen oder (wenn Sie

in einem Restaurant sind) einen Zahnstocher verlangen, so werden Sie beim Gesprächspartner eine Verknüpfung mit seiner Verabredung beim Zahnarzt hervorrufen und so unauffällig in die Endphase eintreten können. Oder lenken Sie das Gespräch auf den Heimweg, zum Beispiel auf Alkohol am Steuer, das Verkehrschaos etc.

Ihren Gesprächspartner zum Assoziieren zu bringen funktioniert allerdings nicht immer, besonders dann nicht, wenn mehrere Personen am Gespräch teilnehmen. Es kann durchaus sein, daß Sie zwei- oder dreimal ansetzen müssen, um zum gewünschten Erfolg zu kommen.

Eine andere Möglichkeit: Beteiligen Sie sich weiterhin intensiv am Gespräch, aber stellen Sie jetzt alle Fragen in der *Vergangenheitsform*. Auch damit leiten Sie die Schlußphase ein.

Lenk- oder Assoziationsfragen sind eine sehr persönliche Angelegenheit. Erproben Sie deshalb diejenige Methode, die Ihrer Persönlichkeit entspricht, aber versuchen Sie immer, möglichst elegant zu bleiben und einen auffälligen Bruch in der Konversation zu vermeiden.

Die Suggestivfragen

Zweck: jemanden direkt beeinflussen;
Vorteil: kann ein Weg sein, die gewünschte Antwort rasch zu erhalten;
Nachteil: funktioniert nur bei Anfängern, verärgert Profis. Deshalb empfehle ich sie nur bedingt.
Beispiele: »Dieses Bild gefällt Ihnen doch auch, nicht wahr?«
»Gehe ich richtig in der Annahme ...«
»Du möchtest doch sicher auch nicht mehr ausgehen, wo es schon so spät ist ...«
»Sie haben doch sicher nichts dagegen, wenn ich ...«
»Mögen Sie Bordeaux-Weine nicht?«
»Sie sind doch auch der Meinung, daß ...«

Nicht selten werden Suggestivfragen als die große Kunst der Fragetechnik angepriesen und in Kursen entsprechend geübt und verfeinert. Ich bin da anderer Ansicht. Suggestivfragen, und mögen sie noch so subtil formuliert sein, werden meistens als solche erkannt und hinterlassen beim Gesprächspartner das Gefühl des Ausgeliefertseins oder des »Nicht-für-voll-genommen-Werdens«. Zwar mag es sein, daß dieser Eindruck nicht bewußt wahrgenommen wird, aber das Unterbewußtsein registriert den Druck, der mit dieser Frageform verbunden ist, und reagiert mit Aggressivität, Resignation oder Desinteresse. Das sind alles unnötige Widerstände, die wir vermeiden wollen. Suggestivfragen sind fast immer plump, und wer regelmäßig mit ihnen operiert, darf sich nicht wundern, wenn er auf Widerstände stößt. Alle Fragen, die nicht in eine dieser Kategorien passen, gehören in die große Gruppe der Konversationsfragen. Das will aber nicht heißen, daß Sie diesen Typ vernachlässigen sollen, ganz im Gegenteil.

Die Konversationsfragen

Zweck:	füllen »Gesprächslöcher«, unterstützen den Gesprächspartner und machen Stimmung;
Vorteil:	bekunden Interesse, überbrücken kritische Situationen, geben Zeit zum Nachdenken, helfen mit, gezielte Fragen zu tarnen;
Nachteil:	arten leicht zum Blabla aus;
Beispiele:	»Weshalb können Sie dieses Modell empfehlen?« »Was gibt es sonst für Neuigkeiten?« »Wie geht es dir?« »Hast du schon gehört ...?« »Wie waren deine Ferien?«

Konversationsfragen sind ebenso wichtig für die Plauderstunde und den Stammtisch wie für die Durchsetzung Ihrer Interessen im Geschäftsleben. Die meisten Konversationsfragen sind zwar harmlose Plaudereien, in denen es um Klatsch und Tratsch geht, aber gerade das macht sie für uns so wichtig, denn sie lassen sich sehr leicht als Tarnkappe und als Vorbereitung für Informations- und Lenkfragen benützen. Innerhalb von harmlosen Konversationsfragen fällt es leichter, die entscheidende Frage vorzubereiten und einzubringen, weil Ihr Gegenüber nicht sehr wachsam ist.

Konversationsfragen dienen aber auch der Information. Sie können daraus unendlich viel über die Vorlieben, die Stimmung, die Lebensumstände, die Steckenpferde Ihres Gesprächspartners herausfinden und damit sofort oder für künftige Gespräche ein Klima schaffen, das Ihrem Anliegen förderlich ist. Voraussetzung ist allerdings, daß Sie sich für Ihre Gesprächspartnerin, Ihren Gesprächspartner auch wirklich interessieren. In der Regel ist genau dies Grundbedingung für den Erfolg eines Gesprächs oder einer Verhandlung. *Wenn Sie sich nicht für Ihre Gesprächspartner und deren Anliegen interessieren, werden Sie sich auch nicht durchsetzen können.*

Nachfassen

Ich muß noch auf einen Teilaspekt, der im Zusammenhang mit Fragen wichtig sein könnte, eingehen: das Nachfassen. Sie werden bald auf Menschen stoßen, die es meisterhaft verstehen, Antworten zu geben, die vieles enthalten, nur nicht die Antwort auf Ihre Frage. Sie beantworten zum Beispiel eine ähnliche Frage, selbstverständlich mit freundlichen Worten, in aller Herzlichkeit und mit viel Charme. Ich möchte behaupten, daß die meisten Menschen darauf hereinfallen, wenn ein geschulter Beantworter diese Technik anwendet, aber Sie natürlich nicht, denn Sie werden nachfassen und Ihre Frage nochmals stellen, vielleicht etwas später und in anderen Worten, aber inhaltlich gleich.

*

Zum Abschluß unseres Fragekapitels der Bericht eines Fabrikanten, der durch geschickte Fragestellung sogar seine Firma retten konnte. Ich lasse ihn selbst erzählen:

»Mein Name ist Kurt Forster (Name geändert). Ich leite ein mittelgroßes Unternehmen. Wir fabrizieren Herrenhemden für Detailgeschäfte. In den Jahren der Rezession begannen meine Kunden, billigeren Waren aus Hongkong und Italien den Vorzug zu geben. Mein Umsatz ging merklich zurück. Solange es ging, wollte ich keine Mitarbeiter entlassen, aber die Probleme drückten schwer, und ich suchte nach neuen Wegen, um den verlorenen Umsatz aufzuholen.

Während einer Amerikareise brachte mich der Zufall in Kontakt mit einer Firma, die sich auf den Verkauf per Telefon spezialisiert hatte. Die Idee war, direkt an Privatpersonen zu verkaufen. Die Firma war sehr erfolgreich, und mich beeindruckte diese Methode. Ob sich das System auch auf Europa übertragen ließe?

Meine amerikanischen Freunde erklärten mir, daß man mit dem allerersten Satz Interesse wecken müsse. Aber der kritische Punkt der Methode sei die genaue Formulierung der Frage. Man könne das gleiche in unzähligen Varianten fragen, aber nur eine einzige Formulierung sei richtig, und genau diese gelte es herauszufinden.

Zurück in der Schweiz, begann ich zu experimentieren, und schon bald hatte ich die richtige Frage erarbeitet: »Mein Name ist Forster von der Firma Hemden-Forster. Wir fabrizieren Herrenhemden. Darf ich Ihnen eine kurze Frage stellen?«

Und jetzt die kritische Frage:
»Wenn wir Ihnen die Möglichkeit geben würden, direkt ab Fabrik Hemden nach Maß zum Preis von 60 Franken zu kaufen, wären Sie grundsätzlich daran interessiert?«

Diese Frage hat unsere Firma gerettet und uns die dringend benötigten Aufträge gebracht. Wir beschäftigen heute mehr Mitarbeiter in der Fabrikation. Die neue Verkaufsabteilung ist zu einem blühenden Teil unserer Firma geworden.«

So wichtig Fragen aber auch sind, sie sind nur die eine Seite der Medaille, denn jede Frage zieht zwangsläufig auch eine Antwort nach sich. Wir wissen jetzt, daß es eine Qualität der Frage gibt, aber es gibt auch eine Qualität der Antwort. Davon handelt das nächste Kapitel.

*

Zusammenfassung

Der Satz, der am Anfang dieses Kapitels steht, »Fragen sind der ›schwarze Gürtel‹ des Überzeugens«, soll hier wiederholt werden, weil er die Bedeutung der Fragetechnik unterstreicht. Wir haben uns mit allen Fragen rund um das Fragen befaßt und generell zwischen »offenen« und »geschlossenen« Fragen unterschieden. Hier haben Sie auch erfahren, welches die richtigen Formulierungen sind, wie man durch Fragen die Konversation lenkt und wie man dadurch Informationen erhält.

3.2
... und richtig antworten

> *Alles, was man sagt, muß stimmen,*
> *aber nicht alles, was stimmt,*
> *muß gesagt werden.*

Fragen und Antworten sind keine Zwillinge – sie sind aber miteinander verwandt wie Bruder und Schwester. Nehmen Sie sicherheitshalber an, daß derjenige, der die Fragen stellt, ein ebenso gewiefter Profi ist wie Sie selbst und daß er ebenfalls die Regeln und kleinen Kniffe der Gesprächsführung kennt. Sollte das nicht der Fall sein, haben Sie es leichter.

Fragen stellen sei der »schwarze Gürtel« der Überzeugung, habe ich im letzten Kapitel behauptet. Nur wenn Sie die richtigen Antworten geben können, sind Sie dieser Macht gewachsen, denn nur so ist eine geschickte Fragestellung wenigstens teilweise zu neutralisieren. Antworten bedeutet also nicht, in eine passive Rolle zu schlüpfen und Fragen »zu beantworten«. Jede Antwort birgt die Chance, den Gesprächsstoff zu beeinflussen. Und sie bietet auch die Möglichkeit der sofortigen Kontrolle, denn schon bei der nächsten Frage wissen Sie, in welcher Richtung der Fragesteller weitermachen will.

Gegen unfaire Fragen können wir uns schlecht wehren, und es ist schwierig, in einer solchen Situation die Nerven zu bewahren und sich nicht provozieren zu lassen. Ich kann Ihnen nur den Rat geben, auf solche Gespräche nicht einzugehen. Wenn Sie aber doch einmal in eine derartige Situation geraten, müssen Sie, wie ein Indianer, den »Schmerz der Provokation« mit steinernem Gesichtsausdruck ertragen können und dennoch stets freundlich und verbindlich bleiben.

Normalerweise können Sie davon ausgehen, daß der Fragesteller die Gebote der Fairneß einhält, aber wenn er das nicht tun sollte, brauchen Sie sich ihm nicht zu stellen. Die Gefahr, daß Sie sich zum Gespött anderer Leute machen, wäre zu groß.

Für das Durchsetzen in unserem Sinn ist die unfaire Dialektik nicht von Bedeutung, da wir ja alles unternehmen, um solchen Situationen *rechtzeitig* aus dem Weg zu gehen oder sie gar nicht erst aufkommen zu lassen. Für den Fall, daß Sie trotzdem einmal in die Rolle eines »Opfers« gedrängt werden, sollten Sie wenigstens lernen, sich gegen unfaire Methoden zu wehren. Ein Grundgesetz:

Lassen Sie sich *niemals* provozieren!

Provokation: die gefährlichste Falle, die Ihnen jemand stellen kann. Seien Sie auf der Hut, und tappen Sie nicht hinein! Jeder von uns ist auf Worte oder Assoziationen anfällig, auf die er »einschnappt« und unkontrolliert reagiert. Ein unfairer Gesprächspartner wird versuchen, Ihre persönlichen Reizwörter ausfindig zu machen, und diese dann gezielt einsetzen. Es braucht starke Nerven, sich nie herausfordern zu lassen, in solchen Situationen ruhig und gelassen zu bleiben. Ganz besonders wenn Sie temperamentvoll veranlagt sind. Trotzdem müssen Sie sich beherrschen und stets verbindlich bleiben, was immer auch geschehen mag. Wenn Sie sich provozieren lassen, haben Sie die Runde bereits verloren. Wenn es Ihnen aber gelingt, ruhig zu bleiben und sich dabei korrekt und beherrscht zu geben, besitzen Sie eine gute Chance, selbst dann, wenn Ihr Gesprächspartner mächtiger und besser ausgebildet und der bessere Rhetoriker ist als Sie.

Am perfidesten sind persönliche Angriffe. Statt auf Ihre sachlichen Argumente einzugehen, greift man Sie persönlich an, zum Beispiel Ihren Lebensstil, Ihre Religion, Ihre Hautfarbe, Ihren Lebenswandel. Wenn es sich um einen früheren Fehltritt handelt, der allgemein bekannt ist, können Sie sich möglicherweise mit einer Prise Humor aus der Schlinge ziehen.

Andernfalls müssen Sie versuchen, die persönlichen Angriffe von der Sachfrage zu trennen, die Beleidigung mit einem Nebensatz abzutun oder zu ignorieren und nur zu Sachfragen Stellung zu beziehen.

- »Sie erwarten von mir doch keine Antwort auf diese Unterstellung; aber zur Sache selbst möchte ich folgendes antworten ...«

oder etwa

- »Sie mischen Äpfel mit Birnen, aber hier geht es um die Sache ...«

oder

- »Welchen Teil meines Nein haben Sie nicht verstanden?«

Recht wirkungsvoll auch die Gegenfrage:

- »Ist es Ihnen möglich, diese Frage positiv zu formulieren?«

oder, noch besser, Sie übernehmen die Führung mit folgendem Satz nach einer beleidigenden Frage:

- »(Pause) ... ich will zuerst versuchen, Ihre Frage etwas positiver zu formulieren.« Hier folgt die gleiche Frage, aber umformuliert, und anschließend beantworten Sie sie sofort und ohne Unterbruch.

Eine gute Antwort auf eine bösartige Frage ist auch dieser Satz:

- »Mein Herz möchte Ihnen glauben, aber mein Verstand sagt nein ...«

oder

- »Können Sie mir verzeihen, daß ich Ihnen keine Antwort gebe? Dann will ich Ihnen verzeihen, daß Sie eine solche Frage überhaupt gestellt haben.«

Versuchen Sie, falls es Ihnen zu bunt wird, mit folgendem Satz, ausgesprochen in freundlichem Tonfall, dem Gespräch eine andere Wendung zu geben:

- »Ich habe den Eindruck, daß wir gar keinen Dialog führen, sondern uns nur im Sprechen abwechseln. Bitte gehen Sie jetzt auf eines meiner Argumente ein, zum Beispiel ...«

*

Für jeden Menschen ist es sehr schwierig, Provokationen einzustecken, ohne sofort zurückzuschlagen. Wenn die Wut in Ihnen hochsteigt, das Herz plötzlich schneller schlägt, der Adrenalinspiegel steigt und der Atem stockt, wie wollen Sie da so tun, als seien Sie nicht betroffen? Ich kenne nur zwei Möglichkeiten, um Sie vor der Gefahr einer Überreaktion zu bewahren: einerseits Atemübungen. Schon während die erste Provokation ausgesprochen wird, atmen Sie tief durch. Sie können dies mit ein wenig Übung so diskret tun, daß niemand etwas bemerken wird. Atemübungen geben Ihnen zumindest die Möglichkeit, mit sicherer Stimme zu antworten. Eine andere Möglichkeit: Sie zeigen offen, daß Sie betroffen sind, zum Beispiel so:

»Ich sehe da ein großes Mißverständnis, das wir noch ausräumen müssen. Im Moment will ich mich aber auf die Sache selbst konzentrieren und dazu folgendes sagen ...« Damit lenken Sie ab, gießen kein Öl ins Feuer und gewinnen Zeit,

um Ihre überlegte und damit auch überlegene Reaktion vorzubereiten.

Einer Provokation können Sie auch begegnen, indem Sie sie überhören, nicht darauf eingehen und statt dessen ruhig und gelassen die Sache (nicht die Provokation) behandeln. Sie könnten auch (mit einem Unterton) Verständnis dafür zeigen, daß Ihr Gesprächspartner erbost/gereizt/schlecht gelaunt/verärgert ist, aber damit lassen Sie sich bereits auf einen Kampf ein. Besser ist es, lange Pausen einzuhalten und dadurch das Tempo des Gesprächs oder der Diskussion herabzusetzen.

Wenn all dies nichts nützt, bleibt Ihnen nichts anderes übrig, als das Gespräch abzubrechen oder sich auf die gleiche (unfaire) Ebene zu begeben wie der andere, um dort den Kampf aufzunehmen. Angriff kann auch hier die beste Verteidigung sein, aber nur dann, wenn Sie gut geschult sind. Wer sich auf diesem interessanten Gebiet weiterbilden möchte, den verweise ich auf das Literaturverzeichnis am Ende dieses Buches. Dort habe ich einige Bücher aufgeführt, die sich besonders mit unfairen Angriffspraktiken und deren gekonnter Abwehr befassen.

Hier noch einige einfache Regeln, welche die Effizienz Ihrer Antworten verbessern werden.

Kreativ denken

Damit Sie wirksame Antworten geben können, bedarf es kreativen Denkens. Das ist leichter gelesen als getan, weil Sie ja meist unter Zeitdruck stehen. Wenn Sie sich aber einige Grundregeln einprägen und diese immer wieder einüben, wird es Ihnen nicht schwerfallen, Ihre Antworttechnik zu verbessern. Positiv ist bereits, daß Sie sich überhaupt mit den Möglichkeiten der Antwortgebung befassen. Dies tun nur wenige!

Keine Halbwahrheiten

Ihre Antwort muß immer objektiv richtig sein. Halbwahrheiten, sogenannte »weiße Lügen«, sind gefährlich, weil man sie sofort gegen Sie verwenden kann.

Heikle Fragen nicht direkt beantworten

Antworten Sie bei heiklen Fragen nicht direkt, sondern in der indirekten Form, also zum Beispiel: »Können Sie sich vorstellen, daß ...« Oder: »Wenn ..., dann ...« Verwenden Sie wo immer möglich den Konjunktiv (Möglichkeitsform) und nicht den Indikativ (Wirklichkeitsform). Also »ich würde ...« und nicht »ich bin ...«.

Stellen Sie Gegenfragen

Es gibt eine Möglichkeit, kritische Fragen zu parieren: die Gegenfrage. Diese Variante ist aber zu bekannt, als daß man sie Ihnen allzuoft durchlassen würde. Ein Nachfassen »Warum wollen Sie meine Frage nicht beantworten?« könnte die Folge sein, und dies wäre ein Pluspunkt für die andere Seite.

Stellen Sie die Frage in Frage

Wenn Sie sich aus einer kritischen Frage retten müssen, ist diese Variante recht zuverlässig. Politiker sind hierbei wahre Meister. Beispiele:

- »Sie stellen die falsche Frage, Herr Schmidt ...«

auch

- »Zuerst müßte ich Ihre Zahlen sehen, um zu beurteilen, worauf unsere Meinungsdifferenz basiert.«

oder

- »Ich bezweifle die Genauigkeit Ihrer Statistik, will Ihre Frage aber trotzdem beantworten ...« Nun können Sie auf diejenigen Teilaspekte eingehen, die Sie beantworten wollen.

Seien Sie bei netten Fragen vorsichtig

Seien Sie bei »netten« Fragen besonders auf der Hut. Bleiben Sie äußerlich höflich und verbindlich, aber hellwach und innerlich sehr mißtrauisch. Oft wird versucht, Sie durch eine nette Frage aufs Glatteis zu führen. Wenn ein Interviewer, der sonst für seine harten Fragen bekannt ist, plötzlich auf die nette Linie umschwenkt, ist doppelte Vorsicht am Platz.

Zerlegen Sie Ihre Antworten in Einzelschritte

Genauso, wie Sie komplexe Fragen unterteilen sollen, können Sie auch schwierige Antworten in Einzelschritte zerlegen. Beantworten Sie zuerst nur denjenigen Teil der Frage, bei dem Sie sich sicher fühlen, und sparen Sie den Rest für später auf. Sie können meist damit rechnen, daß nicht nachgefaßt wird. Es sei denn, der Fragesteller habe dieses Buch gelesen ...

»Was« und »wie« sind wichtig

Die sachliche Information, die Sie vermitteln, muß sich mit der nonverbalen Aussage (Gestik, Mimik, Tonfall) decken. Andernfalls wirken Sie disharmonisch, gekünstelt und wenig überzeugend. Dies hat viel mit Ihrer persönlichen Ehrlichkeit zu tun. Es mag zwar sein, daß Ihr Gesprächspartner eine allfällige Diskrepanz nicht bewußt wahrnimmt, aber unbewußt wird er sie spüren und mit Verärgerung reagieren oder, was noch schlimmer wäre, Ihre Glaubwürdigkeit gemeinhin in Frage stellen.

In der Öffentlichkeit ist nur das Publikum wichtig

Betrachten Sie bei einem öffentlichen Gespräch oder Interview den Interviewer nicht als Einzelperson, sondern denken und sprechen Sie nur zum Publikum – selbst dann, wenn es ein unsichtbares Auditorium wie Radiohörer sein sollte. Ich möchte Ihnen das an einigen Beispielen aufzeigen. Sie stammen vorwiegend aus dem Geschäftsleben und illustrieren sehr eindrücklich, wie Sie dem Diktat der Fragen ausweichen und das Heft selbst in die Hand nehmen können. Es wird Ihnen nicht schwerfallen, aus Ihrem persönlichen Umfeld weitere Beispiele zu finden. Schon wenn Sie gedanklich mit den verschiedenen Möglichkeiten spielen, haben Sie viel gewonnen.

Einige Beispiele:

Frage:	Sie haben eine wichtige Position in der Wirtschaft inne. Wie haben Sie diese gesucht und gefunden?
A:(falsch)	Ich war auf der Suche nach einem Job, und da traf ich zufälligerweise …
A:(richtig)	Können Sie sich erinnern, daß vor etwa fünf Jahren die Firma Müller AG Schlagzeilen machte? (Pause) Die Situation hatte mich wirklich interessiert …

Frage:	Sie verkaufen zu Preisen, die viel tiefer liegen als diejenigen Ihrer Konkurrenz. Das kann doch nicht mit rechten Dingen zugehen!
A:(falsch)	Doch, wir sind hundertprozentig ehrlich. Was meinen Sie, wie unsere Kunden sonst ...
A:(richtig)	Können Sie sich vorstellen, daß wir mit unehrlichen Methoden so lange im Geschäft bleiben könnten? (Pause) Da würde uns die Konkurrenz doch sofort fertigmachen (Pause) und ...
Frage:	Sie verkaufen zu Preisen, die viel höher sind als diejenigen Ihrer Konkurrenz. Sind Sie ein geldgieriger Mensch?
A:(falsch)	Was fällt Ihnen eigentlich ein? Ich muß doch bitten! Und überhaupt ...
A:(richtig)	Wir sind zwar nicht teurer als unsere Konkurrenz – sonst hätten wir wohl nicht soviel Umsatz –, aber wir gehören auch nicht zu den billigsten. Dafür bieten wir einen weit über dem Durchschnitt liegenden Service. Wir sind auch nach dem Kauf jederzeit für den Kunden da. Sie können mich beim Wort nehmen ...
Frage:	Wieviel verdienen Sie eigentlich?
A:(falsch)	No comment, das ist Privatsache ...
A:(richtig)	Warum stellen Sie mir diese Frage? Wenn ich sie in den Zusammenhang mit unserem Thema stelle, vermute ich, daß dahinter der Wunsch nach ... steht ...

Frage:	Warum sind Sie an Ihrer letzten Stelle nur 6 Wochen geblieben?
A: (falsch)	Das Arbeitsklima hat mir dort nicht gefallen ...
A: (richtig)	Ich hatte festgestellt, daß diese Anstellung nicht meinen Erwartungen entsprach, und wollte nicht mehr Zeit verlieren als unbedingt nötig ...

Hier noch ein Hinweis, wie Sie sich bei einem Interview für eine neue Position verhalten sollten. Ich habe ihn von einer Firma erhalten, die sich auf Personalsuche und Personalinterviews spezialisiert hat.

Versuchen Sie möglichst früh die Gelegenheit wahrzunehmen, selbst eine Frage zu stellen. Daß Sie das nicht verkrampft, sondern mit Charme und einem netten Lächeln tun sollten, ist selbstverständlich. Wenn Sie zum Beispiel folgende Frage stellen, werden Sie es später bedeutend einfacher haben:

»Ich möchte sicher sein, daß ich die Position (die ausgeschriebene Stelle ...) richtig erfaßt habe. Sagen Sie mir bitte kurz, was Sie von mir erwarten?«

Wenn Sie gelernt haben zuzuhören, werden Sie die richtigen Antworten kennenlernen und können sie, etwas anders formuliert, später wieder in Ihre Antworten einbauen.

Mir ist ein Lokalradio bekannt, das wöchentlich eine Talkshow sendet. Wegen des Unterhaltungswerts gestaltet der Moderator diese Sendung auf unorthodoxe Art und Weise. Er stellt die eingeladenen Gäste mit unfairen Fragen bloß, unterstellt ihnen Dinge, die nicht gesagt wurden, stellt absurde Zusammenhänge her und geht manchmal so weit, daß er den Gesprächspartner richtiggehend beleidigt. Es ist peinlich mitzuerleben, wie hilflos die meisten Gäste, darunter erfahrene Manager, Unternehmer und Persönlichkeiten des öffentlichen Lebens, gegenüber dieser unfairen Befragungspraxis sind. Viele wissen nicht, wie sie sich wehren können.

*

Zusammenfassung

Jede Frage ruft nach einer Antwort. Nur wer die Technik des Antwortens beherrscht, kann einem geschulten Fragesteller Paroli bieten. In diesem Kapitel wurden deshalb die verschiedenen Qualitäten einer Antwort behandelt. Besonders wichtig ist es, daß Sie sich *absolut nie und durch gar nichts* provozieren lassen. Anhand von Beispielen wird zudem noch gezeigt, wie man unfairen Angriffen begegnen kann.

3.3

Überzeugend sprechen ...

Seit Jahren bemühten sich Eltern, Geschwister, Lehrer und Psychologen, den kleinen Jungen zum Reden zu bringen, aber seit seiner Geburt war nie ein einziges Wort über seine Lippen gekommen. Weder gutes Zureden noch Bestrafung half; der Junge blieb stumm. Eines Tages, beim Mittagessen, geschah das Wunder. Plötzlich schaute der Junge seine Mutter vorwurfsvoll an und sagte laut und deutlich: »Die Suppe ist versalzen.« In großer Aufregung, die diesem freudigen Ereignis folgte, wollte der Vater wissen, warum er denn noch nie gesprochen habe. »Bis jetzt war das Essen immer in Ordnung«, brummte der kleine Junge und ward wieder still.

Über kaum ein anderes Thema ist so viel gesprochen worden wie über den Wunsch, Menschen durch gesprochene Worte zu beeinflussen. Heute kann sich jeder durch eine Unzahl von Büchern, Tonbandkassetten und Seminaren ein beträchtliches Wissen über die hohe Kunst der Rede aneignen und sich gar zum professionellen Redner ausbilden lassen. Wenn Sie sich durchsetzen wollen, erhält die Art, wie Sie sich gegenüber Dritten ausdrücken, enorme Bedeutung.

Stellen Sie einen Partnerbezug her

Nur was auf Partnerebene
(von Mensch zu Mensch)
ausgesprochen wird,
kommt an.

Oft können wir folgende Situation beobachten:
Einer spricht, und der andere hört zu, oder besser gesagt: In Gestik, Kopfhaltung und Blick spielt er die Rolle des Zuhörers. In Tat und Wahrheit bereitet er jedoch seine Antwort vor und hört nur das, was er hören will. Kaum macht der Sprecher eine Atempause, erfolgt sofort die Antwort, die scheinbar auf das eingeht, was gesagt wurde, dann aber sofort zu den eigenen Anliegen findet. Dieses Spiel wiederholt sich. Hier findet kein Dialog statt, hier werden Monologe vorgetragen. Die beiden sprechen nicht miteinander, sondern aneinander vorbei.

Wie können Sie sich in einer solchen Pattsituation verständlich machen oder gar durchsetzen? Suchen Sie die »Partnerebene«. Aber was heißt das? Partnerebene: die Intelligenz, die Interessenlage und das Temperament des Partners herausfinden, berücksichtigen und akzeptieren. Sie stoßen nur dann auf Resonanz, und Ihre Mitteilung kann nur dann ankommen, wenn Sie es verstehen, eine *partnerschaftliche* Situation herzustellen. Wie Sie das machen und was Sie dabei beachten müssen, davon handelt dieses Kapitel.

Stellen Sie sich auf die Partnerin bzw. den Partner ein

Partnerebene bedeutet nicht, daß Sie sich anbiedern oder die Sprache des Partners nachahmen sollen. Wenn jemand, der normalerweise eine gewählte Sprache benützt, plötzlich mit Kraftwörtern um sich wirft, weil er sich so seinem Partner anpassen will, dann wird sich diese Verhaltensweise sofort als unecht entlarven. Hier geht es um das echte Bemühen, für die Beweggründe und Argumente der oder des andern Verständnis und Wertschätzung zu finden, selbst wenn sie meilenweit von der eigenen Position entfernt sind. Dies ist sehr viel schwieriger, als Sie glauben. Sie müssen sich ja zuerst in den Partner einfühlen, ohne dabei die eigene Position aufzugeben. Aber gerade durch die Beschäftigung mit der gegenteiligen Meinung finden wir Motive für unseren eigenen Standpunkt und können schließlich unsere Argumente stärken.

Form und Inhalt müssen übereinstimmen

Während wir sprechen, senden wir ständig Signale aus. Die Wahl der Worte, die wir benützen, ist ebensowenig zufällig wie die Stimmlage, die Gebärden, der Blick und die Körpersignale. Wenn der Inhalt mit diesen Signalen nicht übereinstimmt, kommen bei *geschulten* Zuhörern Zweifel auf über die Glaubwürdigkeit des Sprechenden, und sie konzentrieren sich gedanklich darauf, diese Unglaubwürdigkeit zu beweisen Während dieser Zeit befinden sie sich jedoch nicht mehr auf der Partnerebene und hören nicht richtig zu. Aber auch *ungeschulte* Zuhörer empfinden unbewußt eine Disharmonie zwischen dem Inhalt und den Signalen und fühlen sich deshalb unbehaglich, ohne daß sie den genauen Grund dafür angeben können.

Auch Körpersignale können Sie schulen. Um Stimme und Atemtechnik auszubilden, können Sie sich für ein paar Stunden bei einem Gesangslehrer einschreiben. Ich empfehle sehr, solche Schulungskurse zu belegen. Allein die Beschäftigung mit der Materie bringt viel.

Beobachten Sie ständig

Eine Optikermeisterin wollte ihrem Azubi beibringen, wie er Brillen verkaufen müsse. »Wenn der Kunde nach dem Preis fragt, lächle ihn an und sage: 120 Mark. Wenn er mit keiner Wimper zuckt, sprichst du weiter und sagst: »... für jedes Glas.« Wenn er noch immer nicht reagiert, sagst du mit dem gleichen netten Lächeln: »Dann kommt noch die Entspiegelung dazu ...«, und wenn er sich immer noch nicht regt, fügst du hinzu: »... und auch das Einpassen.« Dann kannst du zum Brillengestell übergehen und auf die gleiche Art und Weise weitermachen.«

Die Sprache ist eines der wichtigsten und sichersten Hilfsmittel, um unser Gegenüber einzuschätzen. Nur wenn Sie während des Sprechens ständig beobachten, wissen Sie, ob

Ihre Mitteilung ankommt, und können wenn nötig den Ton, den Ausdruck, die Sprache verändern. Der Zweck des Gesprächs ist erreicht, wenn die Information angekommen ist, und dies ist erst dann der Fall, wenn Sie die Ebene des Partners erreicht haben.

Nie verletzen

> *Du bist Herr Deiner Worte.*
> *Aber einmal ausgesprochen,*
> *beherrschen sie Dich.*
> (Schottisches Sprichwort)

Ganz gleich, was Sie zu sagen haben und in welcher Situation Sie sich befinden: Ihr Tonfall und Ihre Wortwahl dürfen nie verletzend wirken. Vermeiden Sie jeden aggressiven Tonfall, oder blenden Sie ihn sofort wieder aus, falls er sich aus einer aggressiven Situation heraus einzuschleichen droht. Aber auch ein allzu weicher, »verführerischer« Ton ist fehl am Platz. Bemühen Sie sich, Ihren persönlichen, natürlichen und ungekünstelten Stil anzuwenden.

Was die Wortwahl betrifft: Sprechen Sie klar und eindeutig aus, was Sie zu sagen haben. Wenn Sie aber etwa eine Diskussion mit Frage und Antwort führen wollen, das heißt, wenn Sie die Partnerebene suchen, dann vermeiden Sie unbedingt harsche, kränkende Worte. Diese führen unweigerlich in eine Sackgasse und erzeugen nur unnötigen Widerstand seitens des Gesprächspartners.

Man kann alles auf verschiedene Arten ausdrücken: »Sie sind ein Lügner!« klingt anders als, mit einem leichten Lächeln, »Haben Sie hier nicht die Wahrheit etwas zu Ihren Gunsten ausgelegt?« oder »Ich habe den Eindruck, daß Sie da vielleicht ein wenig gemogelt haben.«

Beispiele:

statt »geizig« könnten Sie »sparsam« sagen;
statt »frech« vielleicht »direkt«;
statt »langweilig« würde auch »friedlich« passen;
statt »eitel« wäre »gepflegt« möglich;
statt »schwatzhaft« könnten Sie »kontaktfreudig« sagen;
statt »Verschwender« könnten Sie »Genießer« verwenden.

In den meisten Fällen finden Sie ohne weiteres unaggressive Ersatzwörter – es sei denn, Sie möchten bewußt verletzen.

Kürzlich sah ich eine Fotografin, die in der Nähe meiner Wohnung jedes Detail knipste. Ich vermutete eine neugierige Reporterin und wollte sie mit »Was fotografieren Sie da?« ansprechen, besann mich aber rechtzeitig und fragte: »Was sieht Ihr professionelles Auge?« Sie war überhaupt nicht an mir interessiert, sondern fotografierte Straßenszenen. Es entstand daraufhin ein interessantes Gespräch, das mit der anderen Anrede kaum möglich gewesen wäre. Sie war nicht in die Defensive gedrängt worden.

Noch heute kann ich ein Lächeln nicht unterdrücken, wenn ich an die folgende kleine Episode denke, deren unfreiwilliger Ohrenzeuge ich in einem Zugabteil wurde und die einen meisterhaften Umgang mit Fremdwörtern zeigt.

Eine kleine Gruppe diskutierte über Essensprobleme und wie schwierig es sei, gegenüber den Verlockungen des Alltags nein zu sagen. Eine sehr gewichtige Damen, der das Gerede über ihre Probleme sichtlich auf die Nerven ging, schaltete sich in die Konversation ein und erklärte, sie sei halt krank und leide an »Hyperorexie« und dagegen hätten die Ärzte leider noch nichts gefunden. Die Gruppe wechselte das Thema, und die Dame hatte ihr Ziel erreicht. Als ich später im Wörterbuch diese exotische Krankheit nachschlug, mußte ich lachen. »Hyperorexie« heißt nichts anderes als Heißhunger!

Viele Menschen versuchen, Ihre Gesprächspartner durch geschickt eingeflochtene Fremdwörter zu beeindrucken. Verwenden Sie selbst Fremdwörter äußerst sparsam. Sonst laufen Sie Gefahr, daß Sie als hohler Phrasendrescher abgestempelt werden.

Die wichtigsten Regeln

In der nachfolgenden Aufzählung berücksichtige ich nur die wichtigsten Punkte. Ich möchte Ihnen damit aufzeigen, worauf es ankommt, und – wer weiß – vielleicht kann ich Sie sogar dazu motivieren, einen Sprechkurs zu belegen.

Variieren Sie Ihren Sprechrhythmus

Wechseln Sie zwischen schnell/langsam, laut/leise, und vermeiden Sie vor allem eine monotone Ausdrucksform. Die Rhythmuswechsel sollen aber nicht zu abrupt erfolgen, sondern sich ganz natürlich dem Gesagten anpassen. Fakten sollen Sie sachlich, konkret und mit sicherer Stimme vortragen, Meinungen eher fließend, mit modulierter Stimmlage und eingeblendeten Pausen.

Sprechen Sie natürlich

Virtuosität ist nicht gefragt. Viele Leute haben sich die Fähigkeit angeeignet, exzellent zu sprechen. Sie formulieren brillant, öffnen und schließen rhetorisch kunstvoll Klammern und verwenden mit Vorliebe Fremdwörter. Aber das ist nicht Vox populi, die Sprache des Volkes; damit erreichen Sie keine gemeinsame Ebene. Nicht Brillanz ist gefragt, sondern Klarheit in der Formulierung. Großartig, wenn es Ihnen gelingt, sich dem Niveau Ihres Gesprächspartners anzupassen und Sie sich dabei erst noch knapp und klar ausdrücken können. Es ist mühsam, jemandem zuzuhören, der sich kompliziert ausdrückt, der Pflicht mit Kür vermischt, der Umwege und Schleifen macht und Nebengedanken (Nebengedanken sind sehr oft *Nebel*gedanken) breit auswalzt. Die Gefahr, daß der Zuhörer abschaltet und die Gedanken wandern läßt, ist übergroß. Denn damit hätten Sie die Chance verpaßt, zu überzeugen und sich durchzusetzen.

Sprechen Sie deutlich

Sprechen Sie so präzis wie möglich. Präzision überzeugt. Auf die Endsilben sollten Sie speziell achten, denn diese sind kritisch. Aber auch hier ist Natürlichkeit wichtig. Es wäre genauso falsch, Endsilben zu verschlucken, wie sie allzu stark zu betonen. Es spielt keine Rolle, wenn Ihre Aussprache noch die Spur Ihres Dialekts enthält. Im Gegenteil: Das gibt dem Ganzen einen sympathischen »Touch«.

Verwenden Sie aktive Sprache

Ein häufiger Fehler von Vortragenden ist die Verwendung von passiven Formulierungen. Hoppla! Hier hat sich bereits eine passive Formulierung eingeschlichen. Aktiv formuliert lautet dieser Satz: »Viele Redner verwenden passive Formulierungen. Dies ist ein häufiger Fehler.«

Passive Formulierungen wirken unnatürlich, ungenau und manchmal sogar etwas unehrlich. Wenn immer möglich sollten Sie deshalb aktive Verben verwenden. Die Formulierung: »Die Verkäufe im letzten Jahr ließen leider etwas zu wünschen übrig, und die vorgegebenen Budgetziele sind nicht erreicht worden« würde besser ersetzt durch den Satz: »Im letzten Jahr haben wir das Budget nicht (ganz) erreicht ...« Diese Formulierung ist mutiger, spricht an und baut eine persönliche Beziehung zu den Zuhörern auf. Einige weitere Beispiele:

passiv:	»Das anschließende Mittagessen ist von allen genossen worden.«
aktiv:	»Das anschließende Mittagessen war für alle ein Genuß.«
passiv:	»Der Grund, weshalb er die Firma verlassen mußte, lag darin, daß sein gesundheitlicher Zustand immer schlechter wurde.«
aktiv:	»Sein schlechter Gesundheitszustand zwang ihn, die Firma zu verlassen.«
passiv:	»Er nahm nicht an der Konferenz teil, weil er der Meinung war, es würde sich nicht lohnen.«
aktiv:	»Weil ihm seine Zeit zu schade war, nahm er nicht an der Konferenz teil.«

Bleiben Sie beim Thema

Vermeiden Sie Wiederholungen und vor allem Fremdwörter, die nicht unbedingt nötig sind. Schweifen Sie nicht vom Thema ab, denn Sie bringen den Zuhörer damit auf Nebengedanken. Wenn Sie einen Vortrag halten: Seien Sie besonders vorsichtig bei Einfällen, die Ihnen während des

Sprechens kommen, auch wenn Sie Ihnen im Moment als brillante Gedankenblitze erscheinen. Solche Einfälle können Sie aus dem Konzept bringen und den Faden verlieren lassen. Es ist von Vorteil, wenn Sie sich an Ihr Manuskript oder die vorbereiteten Stichwörter halten.

Bleiben Sie inhaltlich klar

Leere Floskeln töten die Aufmerksamkeit. Sinnlose Wortakrobatik hat nur dann einen Sinn, wenn Sie den Gesprächspartner verwirren oder absichtlich ermüden wollen, aber das sind seltene Ausnahmefälle. Die alte Regel »Wenn du nichts zu sagen hast, dann schweig« gilt noch heute. Inhaltlich präzise formulieren heißt, daß Sie das Thema so aufbereiten, daß die Zuhörer problemlos folgen können und den Faden nicht verlieren. Dies bedeutet auch, daß Sie das Thema je nach der Zuhörerschaft anders aufbereiten und formulieren müssen.

Seien Sie vorsichtig bei negativen Punkten

Vor allem im direkten Gespräch ist es wichtig, daß Sie sich daran erinnern. Tragen Sie negative Punkte nicht direkt vor, sondern indirekt, »durch die Blume«. Sagen Sie also nicht: »Ich bin sehr enttäuscht von Ihnen«, sondern »Es hat mich enttäuscht, daß ... geschehen ist.« Auch wenn der Vorfall für Sie noch so sehr mit negativen Inhalten getränkt ist, Sie werden erstaunt sein, wieviel Positives Sie trotzdem noch finden werden. Erwähnen Sie vor dem negativen Punkt stets einen positiven Aspekt im selben Zusammenhang. Wenn Sie dann den positiven und den negativen Punkt zusammenbringen, seien Sie sparsam mit dem Wörtchen »aber«. Also nicht: »Ich habe bis jetzt immer gern mit Ihnen zusammengearbeitet, *aber* ich habe mich offenbar getäuscht, denn ...« Besser wäre: »Ich habe bis jetzt immer gern mit Ihnen zusammengearbeitet, und Ihr Team hat einige beachtliche Leistungen erbracht. Wenn ich richtig informiert bin, hat sich jetzt etwas ereignet, über das wir reden müssen ...«

Überzeugend reden – ein endloses Thema! Erschwerend ist nicht nur, daß es kaum präzise Regeln gibt, sondern daß diese der jeweiligen Situation von Fall zu Fall angepaßt werden müssen. Die positive Seite: Jeder Mensch kann sich weiterbilden, wobei Kurse und Bücher nur ein Anfang sein sollen – die Hauptarbeit liegt bei uns. Üben, üben und nochmals üben und sich dabei im vertrauten Freundeskreis oder in der Schulung kritisieren lassen – das ist der Schlüssel zum Erfolg.

*

Zusammenfassung

Dieses Kapitel ist ein kleiner Redekurs. Zusätzlich zu den wichtigsten Rederegeln wird beschrieben, wie wichtig es ist, einen Partnerbezug herzustellen und die richtigen Wörter zu verwenden. Das Kapitel gibt Anregungen, wie Sie sich persönlich weiterbilden können.

3.4

... und zuhören können

Viele Ehen wären nicht zerbrochen, *wenn Frau und Mann gelernt hätten,* *einander zuzuhören.*

Unter »Zuhören« verstehen viele Leute nichts anderes als warten, bis der andere eine Atempause macht, um dann sofort einzuhaken und selbst mit der Gegenrede zu beginnen. Der nachfolgende Dialog, bei dem keiner dem andern zuhört, ist in vielerlei Varianten alltäglich.

A: Ich habe mir gestern abend das Violinkonzert in e-Moll von Mendelssohn angehört ...

B: So ein Zufall! Ich habe gestern abend auch Musik gehört, die Neunte Symphonie von Beethoven ...

A: Mendelssohn ist ja so romantisch, ich war sehr ergiffen und ... (Pause)

B: Die ersten drei Sätze der Neunten sind ja nicht so bekannt, aber der vierte ...

A: (stockend) ... und habe mir Gedanken über unsere Zukunft gemacht (Pause)

B: Ja, wir müssen einmal darüber reden ... Beethoven ist so mächtig ...

Hier wollen wir dieses Gespräch abbrechen, bevor es ins Peinliche abdriftet. Die beiden hätten das leere Pingpongspiel noch lange fortsetzen können, es hätte zu nichts geführt, denn B. hat nie gelernt zuzuhören. Man müßte B. zurufen: *Schweig!* Mit seinem gedankenlosen Geplauder zerstört er die Chance eines konstruktiven Gesprächs über die persönlichen Probleme der beiden.

Anstatt zuzuhören, was und wie der andere etwas sagt, statt »zwischen den Zeilen« zu hören, täuschen wir den anderen oft mit unserem interessierten Gesichtsausdruck und entsprechender Körpersprache, verwenden jedoch die Zeit des Zuhörens dazu, noch während der andere spricht, bereits unsere Antwort vorzubereiten. Seine Worte nehmen wir nur zum Schein auf und warten gespannt, um beim kleinsten Stocken des Redeflusses sofort uns und die eigenen Argumente zur Geltung zu bringen. Wir glauben sogar, daß wir uns keine Pause leisten können, weil sie der andere sofort ausnützen würde.

Als Unternehmensberater habe ich regelmäßig Gelegenheit, mich mit Managern verschiedener Branchen zu unterhalten. Eigentlich treffe ich nur wenige, die richtig zuhören können. Auffallend viele Geschäftsleute sind unermüdliche Dauerredner, die unter dem Streß stehen, ständig etwas beweisen zu müssen, und die verdienen, mit dem Begriff »talkaholic« belegt zu werden. Kürzlich war ich mit dem Leiter einer größeren Firma der Maschinenbranche zusammen, um ihm einige Fragen zu stellen. Von der ersten bis zur letzten Sekunde unseres Gesprächs redete er ununterbrochen, ohne im geringsten auf meine Bedürfnisse Rücksicht zu nehmen. Ich konnte keine einzige Frage stellen. Als ich mich nach einer halben Stunde, etwas verärgert, verabschiedete, war sein letzter Kommentar: »Ich glaube, daß ich manchmal etwas zu viel spreche ...« Ich ging nicht darauf ein, denn jede Kritik wäre hier ins Leere gestoßen. Was er während seines Monologes eigentlich sagte, wußte ich nicht mehr – ich war innerlich längst ausgestiegen.

Erfolgreiche Zuhörer sind sich der Gefahr des zuviel Redens, des Monologs, stets bewußt. John Sculley, Präsident der Apple Computer Inc., der diese Firma trotz enormer Konkurrenz zur heutigen Größe entwickelte, gab in einem Interview im Dezember 1987 mit der amerikanischen Fernsehkette CNN auf die Frage nach seiner Berufsbezeichnung die Antwort: »Ich bin Chef-Zuhörer.«

Einer der besten Zuhörer aus meinem Bekanntenkreis ist ein erfolgreicher Unternehmer, der innerhalb zweier Jahrzehnte unspektakulär, aber effizient ein Imperium aufgebaut hat, dessen Jahresumsatz heute mehrere Milliarden Franken beträgt. Ich hatte Gelegenheit, mit ihm während einiger Jahre eng zusammenzuarbeiten. Obwohl seine Agenda stets voller Termine war, stellte ein außenstehender Beobachter bei ihm nie den Anschein von Zeitdruck fest. Ich erinnere mich an mehrere Sitzungen, bei denen er stundenlang und mit größtem Interesse zuhören konnte, wie scheinbar belanglose Dinge im Detail besprochen wurden. Ich bin überzeugt, daß diese Fähigkeit einer der Schlüsselfaktoren zu seinem Erfolg ist. Der Grund ist einfach:

Durch Zuhören erfahren Sie mehr...

Wenn Sie sich für Ihren Gesprächspartner interessieren, werden Sie ihm auch zuhören wollen. Zuhören ist die beste Möglichkeit, die Persönlichkeit des andern, seine Motivation, aber auch seine versteckten Absichten zu erkennen. Zuhören bedeutet, in den anderen »versinken«, den eignen Standpunkt verlassen, den Gedanken des andern folgen, seine Ausdrucksform und Körpersprache aufnehmen und versuchen, ihn ganzheitlich zu erfassen. Dabei bleibt nicht mehr viel Zeit übrig, Antworten vorzubereiten. Erinnern Sie sich, mit welcher Konzentration ein Kind einer Geschichte zuhört? Körper, Augen, Gesichtsausdruck, Atmung – alles ist auf Zuhören eingestellt. Sie werden überrascht sein, was Sie alles herausfinden, wenn Sie auf diese Art zuhören, denn durch den gedanklichen Aufbau der Argumente, durch die Wahl der Worte, die Intensität seiner Gestik verrät der Gesprächspartner außerordentlich viel. Sie müssen nur lernen, ihn richtig zu »interpretieren«.

Am »Zuhörenkönnen« erkennen Sie den Profi. Deshalb aufgepaßt, wenn Sie auf jemanden stoßen, der wirklich zuhören kann. Mit großer Wahrscheinlichkeit haben Sie es mit einem Menschen zu tun, der »mit den Ohren sehen« kann und der diese Fähigkeit ganz bewußt und gezielt einsetzt. Reden und Zuhören gehören nämlich zusammen wie die beiden Seiten einer Münze.

Das große Geheimnis: Pausen!

Was diese beiden Seiten verbindet, sind die Pausen im Gespräch. Dies klingt einfach, ist aber in Tat und Wahrheit eine Geduldsprobe, die zu erlernen nicht einfach ist. Als größtes Hindernis stellt sich unser eigenes Geltungsbedürfnis in den Weg. Wer will schon immer dem anderen nur zuhören? Auch wir möchten doch unsere wichtigen Gedanken zum Thema einbringen, auch wir wollen ernst genommen werden. Das Problem: Wenn beide so denken, ergibt sich eine leere, zusammenhanglose Plauderei, die mit einem aufrichtigen Gespräch wenig zu tun hat. Durchbrechen Sie diesen Kreis, und beginnen *Sie* als erster zuzuhören.

Wie lernen Sie zuzuhören?

Optimale Zuhörtechnik bedeutet keineswegs passives »nicht sprechen und den andern reden lassen«, sondern ist ein intensiver psychologischer Prozeß des Eintauchens in eine andere Denkwelt, eine kreative Leistung allererster Qualität.

Suchen Sie zuerst eine gemeinsame Zielsetzung, stellen Sie eine oder zwei Eröffnungsfragen – und sagen Sie dann nichts mehr. Vermutlich wird Ihr Partner die Frage beantworten und dann schweigen. Schweigen auch Sie. Selbst dann, wenn die Pause sich über längere Zeit hinzieht. Dann fordern Sie ihn ohne Worte, aber mit Körpersprache auf, weiterzureden, und zeigen Sie ihm, daß Sie großes Interesse an seiner Meinung haben. Sie tun das durch die klassischen Zuhörsignale, wie zum Beispiel einen interessierten Gesichtsausdruck, Schräghalten des Kopfes, Vorlehnen des Oberkörpers und ähnliches. Die Körpersprache, die Sie einsetzen, darf ruhig etwas forciert wirken.

Nun werden Sie etwas Wichtiges feststellen: Durch Ihr Schweigen signalisieren Sie dem Gesprächspartner, daß Sie sich auf ihn einstellen und daß Sie bereit sind, seine Aussagen mit Interesse entgegenzunehmen, und dies hat einen außerordentlich positiven Einfluß auf sein Verhalten Ihnen gegenüber. Vielleicht werden Sie die erste Antwort nochmals hören, in anderen Worten zwar, aber freimütiger, offener und ehrlicher. Auf jeden Fall werden seine Aussagen direkter und freier fließen. Halten Sie nun die Diskussion am Leben, indem Sie »nur so viel Holz nachschieben, daß das Feuer nicht ausgeht«. Stellen Sie kurze Fragen, verlangen Sie Beispiele, aber hüten Sie sich, Antworten oder Meinungen abzugeben oder selbst zusammenzufassen. Und vor allem hüten Sie sich, die Antworten durch einen einzigartigen, großartigen Einfall Ihrerseits zu ergänzen oder zu kommentieren. Stellen Sie sich innerlich ganz auf den andern ein, und Sie werden überrascht sein, was für Informationen Sie erhalten. Und vergessen Sie nicht unser Geheimnis: Legen Sie Pausen ein.

Beginnen Sie jetzt!

Testen Sie diese Methode zuerst mit Freundinnen, mit Arbeitskollegen, mit Ihrer Familie. Lassen Sie andere ausreden, auch wenn sie einige Male nach Worten suchen müssen. Haken Sie höchstens mit offenen Informationsfragen nach, und schieben Sie ruhig auch nachher noch eine kurze Pause ein, selbst dann, wenn Sie merken, daß die anderen nachträglich noch einen Gedanken anbringen wollen. Verwenden Sie die so gewonnene Zeit dafür, ganz für sich allein der Argumentationskette zu folgen und zu überlegen, *weshalb* Sie so und nicht anders argumentieren, welches Gewicht sie den einzelnen Punkten beimessen, ob Widersprüche festzustellen sind, ob Körpersprache und Aussage übereinstimmen und wie die Aussagen gefühlsmäßig auf Sie wirken.

Falls Sie der Meinung sind, daß Sie dies nie erreichen können, weil Sie glauben, Ihr eigenes Temperament stehe Ihnen dabei im Weg, dann nehmen Sie sich ein Beispiel bei den Gewichthebern. Auch diese müssen zuerst mit kleinen Gewichten beginnen und jeden Tag üben, üben, üben. Und wenn sie dann mit scheinbarer Leichtigkeit gewaltige Gewichte stemmen, so ist dies schließlich das Resultat einer immensen Kleinarbeit, eines täglichen Aufbautrainings und großer Überwindung.

Genau so können Sie erlernen, anderen zuzuhören. Zu Beginn Ihres Trainings werden Sie kleine Erfolge erleben. Später können Sie zwei Minuten lang durchhalten, und dies ist bereits ein bemerkenswerter Erfolg. Kümmern Sie sich vorläufig nicht darum, selbst zu reden, sondern hören Sie einfach intensiv zu. Das Resultat wird Sie verblüffen.

Die meisten Menschen leiden darunter, daß ihre Gedanken und Ideen nicht wichtig genommen werden, und sind dankbar, wenn ihnen plötzlich jemand zuhört, ihre Ausführungen nicht nur ernst nimmt, sondern sie sogar noch hinterfragt. Das hat Konsequenzen. Ihr Partner wird sich Ihnen gegenüber öffnen und wahrscheinlich einiges mehr erzählen, als er ursprünglich wollte. Er wird Sie sympathisch finden. Und die Informationen, die er auf diese Weise ohne Zeitdruck weitergeben kann, sind ehrlicher, unverfälschter und direkter.

Damit ist aber nicht gemeint, daß Sie diese Art des Zuhörens etwa mißbrauchen sollen. Mir sind schon Menschen begegnet, die sich einen Sport daraus machen, ununterbrochen zuzuhören und nur dann gezielt Fragen zu stellen, wenn sie mehr aus dem anderen herauslocken wollen. Das wirkt schon nach kurzer Zeit auf den Gesprächspartner kontraproduktiv und erweckt den Eindruck von Verschlagenheit und Falschheit.

Zuhören ist nicht gleich zuhören

In Buchhandlungen sind Dutzende von Ratgebern erhältlich, die empfehlen, Theorien aus der psychologischen Praxis im täglichen Umgang mit Mitmenschen anzuwenden. Zuhören spielt bei der Psychologie eine große Rolle, aber ich bin der Meinung, daß diese Technik des Zuhörens, wie sie in psychologischen Therapien angewendet wird, für die normale Kommunikation im Geschäfts- und Privatleben *nicht* geeignet ist, denn sie verbindet nicht, sondern trennt. Die Versuchung ist groß, daß jemand, der eine psychologische Methode kennengelernt hat, sei es in einer Selbsthilfegruppe, einer Gesprächstherapie oder in einer klassischen Psychoanalyse, diese Methode in den Alltag übernehmen möchte. Davon rate ich ab.

In der klassischen Psychoanalyse zum Beispiel werden die persönlichen Gefühle des Patienten auf den zuhörenden Therapeuten übertragen. Diese Übertragungen sind Teil des Heilungsprozesses und erlauben dem Patienten, die Probleme, die ihm zu schaffen machen, gewissermaßen unter Kontrolle nochmals durchzuleben und dadurch neu zu ordnen und einer adäquaten Lösung zuzuführen. In der Gesprächstherapie hingegen spielt die Übertragung keine Rolle. Hier konzentriert sich der Therapeut auf die zum Teil nur angedeuteten Gefühle des Klienten und hilft durch die Technik des Zuhörens, daß dieser die Gefühle formuliert, ausspricht und in seine eigene Persönlichkeit einbauen kann. Beides sind Laborsituationen, die nicht auf den Alltag übertragbar sind.

*

Was aber, wenn sich der andere so sehr darin gefällt, einen aktiven Zuhörer zu haben, daß er gar nicht mehr mit Reden aufhören will? Verblüffend, aber wahr: Dies werden Sie kaum je erleben. Denn aktives Zuhören weckt Sympathien

und ruft Fairneß beim Gegenüber hervor. Ich habe immer wieder festgestellt, daß nach einer gewissen Zeit automatisch die Rollen getauscht werden und der andere ebenso interessiert zuhört, wie Sie es getan haben.
Aktives Zuhören wirkt ansteckend. Probieren Sie es aus!

*

Zusammenfassung

Zuhören ist zu-hören, also hin-hören. In diesem Kapitel wurde gezeigt, welche unerwarteten Erkenntnisse Sie gewinnen können, wenn Sie richtig zuhören lernen.

3.5

Die geheimen Botschaften unseres Körpers

Erinnern Sie sich an die reizenden Comic-Kurzfilme von Walt Disney? Ist Ihnen auch schon aufgefallen, daß das gesprochene Wort unwichtig ist? Die Comic-Figuren sprechen fast ausschließlich durch ihren Körper zu uns. Der verblüffte, überraschte Ausdruck auf dem Gesicht von Goofy oder die fröhliche Ausstrahlung von Mickey Mouse sagen mehr als tausend Worte.

»Sie spricht mit den Händen«, »Er sieht durch ihn hindurch«, »Augen sind die Fenster der Seele«: Aussagen, die der Volksmund geprägt hat und die zeigen, daß der Körper seine eigene Sprache spricht. Leider sind wir noch nicht soweit, daß wir sie auch mit letzter Sicherheit verstehen können. Zwar senden wir ununterbrochen Signale aus, beispielsweise in der Art, wie wir sitzen, stehen, gehen oder reden, und diese Signale wirken unbewußt als das, was wir Ausstrahlung nennen. Doch sie zu entschlüsseln ist eine andere Sache. Deshalb ist bei der Interpretation der Körpersprache besondere Vorsicht geboten, denn falsche Schlußfolgerungen können unserem Ziel, dem Durchsetzen, schaden. Gerade weil solche Fehldeutungen an der Tagesordnung sind, ist auch die Wahrscheinlichkeit entsprechend groß, daß wir mit unserer Einschätzung falsch liegen.

Wenn Sie erwarten, daß Sie jetzt Anleitungen dafür erhalten, wie Sie aus den unbewußten Körpersignalen Stimmungsschwankungen und versteckte Absichten beim Partner herauslesen können, muß ich Sie enttäuschen. Wegen der großen Gefahr von Fehldeutungen ist die Interpretation der Körpersprache nicht von großer Bedeutung für unsere Art der Durchsetzung. Es gibt eine ganze Anzahl guter Bücher über dieses Thema, und es wird für Sie ein leichtes sein, sich entsprechend weiterzubilden (siehe Literaturverzeichnis). Ich bin aber der Meinung, daß die Körpersprache mehr Risiken einer Fehlinterpretation aufweist, als daß sie nützliche Hinweise liefert. Bedenken Sie folgende Punkte:

Wir haben gelernt, unsere Gefühle zu verstecken

Im Geschäftsleben tragen wir nicht selten eine Maske. Viele bringen es zu wahrer Meisterschaft in der Körperbeherrschung und im Verstecken von Gefühlen. Es ist nichts Außergewöhnliches, wenn sich jemand absichtlich und ganz bewußt der Körpersprache bedient, um den anderen auf eine falsche Fährte zu lenken. Leider gibt es keine sichere Methode, um zwischen echten und falschen Körpersignalen zu unterscheiden. Manager und Politiker sind oft gute Schauspieler.

Es ist allgemein bekannt, daß jeder, der mit großer Aufmerksamkeit zuhört, seinen Kopf schräg hält. Wer es gewohnt ist, vor Publikum zu sprechen, kann aus der Kopfhaltung der

Zuhörer jederzeit beurteilen, ob er »ankommt« oder ob er seine Stimmlage verändern muß. Das gleiche gilt für den Dialog. Was aber, wenn der Zuhörer das weiß und absichtlich den Kopf schräg hält, um den andern zu täuschen? Möglicherweise hört er überhaupt nicht zu, sondern formuliert in diesem Moment seine Abwehrstrategie.

Körpersprache interpretieren ist riskant

Es gibt keine absolut sicheren Signale der Körpersprache. Allein diese Tatsache muß uns warnen, denn nichts ist gefährlicher als falsch interpretierte Signale. Vor allem psychologisch geschulte Menschen tappen oft in die Falle und nehmen ihr Wissen zu ernst, wie das nachstehende Bonmot aus einer psychologischen Praxis zeigt:

Flugzeuge sind zwar phallische Symbole, aber sie transportieren auch Menschen.

Fehlinterpretationen sind häufig

Jedes Signal kann auf mindestens zwei Arten ausgelegt werden. Wie können Sie wissen, welches die richtige Interpretation ist?

Das Hinneigen zum Gesprächspartner kann sowohl »Zuneigung« signalisieren, aber es kann auch ganz einfach dem Wunsch entsprechen, besser zu hören.

Aus Fachbüchern ist die Regel bekannt, daß mindestens drei Signale vorhanden sein müssen, um die Körpersprache mit Sicherheit interpretieren zu können. Ich halte nicht viel von diesem Leitsatz, weil sich jedes Signal mehrfach deuten läßt.

Körpersprache richtig lesen ist anspruchsvoll

Der Versuch, Körpersprache zu lesen, hat die Menschheit seit jeher beschäftigt. Schon der griechische Philosoph Aristotels hat in seinem berühmten Buch über Rhetorik dem Thema Kinesik, wie er die nonverbale Kommunikation genannt hat, ein ganzes Kapitel gewidmet. Seither sind ganze Bibliotheken darüber geschrieben worden, und trotzdem gibt es kaum ein Gebiet, das soviel Mißverständnisse aufkommen läßt. Die Interpretation der Körpersprache ist eine Reise ins Unbekannte, wie der nachstehende kleine Erlebnisbericht zeigt.

Es ging um einen Großauftrag in Millionenhöhe. Die Vorbereitungen für die Offerte hatten die ganze Belegschaft auf Trab gehalten, und endlich kam die letzte, alles entscheidende Sitzung. Die Mitglieder der Verhandlungsdelegation waren gespannt und hatten sich auf das entscheidende Preisgespräch vorbereitet. Der Verkaufsleiter hatte sogar einen Kurs in Körpersprache hinter sich, damit er die geheimsten Gedanken seines Gegenübers erfassen und sofort richtig reagieren konnte.

Nach dem üblichen Vorgeplänkel kam endlich der Moment, da der Preis genannt werden mußte: 12,5 Millionen. Genau in dem Moment veränderte sich der Gesichtsausdruck des Einkäufers. Er wandte den Blick ab, lehnte sich zurück, schlug die Beine übereinander und wirkte unruhig. Der Leiter der Delegation deutete diese Reaktion als Überraschung über die Höhe des Preises und fügte nahtlos hinzu: »... und weil es sich um einen Erstauftrag handelt, können wir Ihnen einen einmaligen Rabatt von vier Prozent einräumen.«

Das Geschäft kam zustande, und noch Jahre später brüstete sich der Verkaufsleiter, daß der Erfolg lediglich seiner raschen Reaktion zu verdanken sei. Erst viel später lernte ich die andere Seite kennen. Genau in dem Moment, als das Gespräch auf den Preis kam, verspürte der Einkäufer ein menschliches Bedürfnis. Er hatte überhaupt keine Einwendung zum Preis und wollte nur kurz das Gespräch unterbrechen, um auszutreten. Einzig und allein deshalb hatte er seine Sitzposition verändert. Daß diese Bewegung seiner Firma eine halbe Million eingebracht hatte, darüber lachte er noch lange.

Fehldeutungen sind gefährlich!

Gewöhnen Sie sich an, auf die leisen Unterschiede zwischen Wunsch und Wirklichkeit zu achten. Jeder, der zum Beispiel Politiker im Wahlkampf beobachtet, muß sich dieser Diskrepanz bewußt werden. Mit Hilfe von Make-up und Körpersprache wird vom Politiker ein Bild gezeichnet, das nicht der Realität entspricht. Ist der Politiker erst einmal gewählt, sprich »abgeschminkt«, wird er sich kaum mehr so gestylt präsentieren wie während der Wahlkampagne. Jeder kritische Fernsehzuschauer weiß dies zwar, und so ist es erstaunlich, daß wir uns trotzdem immer wieder von diesen hohlen Gesten beeindrucken lassen. Genauso funktioniert die Werbung. Hier wird die Körpersprache bewußt verfälscht. Für Zahnpasta wirbt ein als Zahnarzt verkleidetes Modell, für Waschmittel ein als Durchschnittshausfrau posierendes Mannequin, für Weinbrand vielleicht ein Abstinenzler und für die dritten Zähne möglicherweise ein als Frührentner verkleideter Dreißiger, der ganz bestimmt nichts von einer Prothese wissen will.

Selbstverständlich bedeutet dies keinesfalls, daß Sie im Gespräch nicht auf Ihr Gegenüber achten sollen. Denn trotz dieser Gefahren gibt es eine Möglichkeit, wie wir die Körpersprache nutzen können. Dabei ist nicht so wichtig, genau zu interpretieren, *welche* Signale unbewußt ausgesendet werden, sondern Sie sollten vielmehr darauf achten, *zu welchem Zeitpunkt* des Gesprächs sich die Körperhaltung Ihres Gesprächspartners verändert.

Nicht »ob« ist wichtig, sondern »wann«

Es ist nicht wichtig zu registrieren, ob jemand raucht und wie er seine Zigarette hält, aber es ist für uns sehr wichtig zu beobachten, *wann* er eine Zigarette anzündet oder ausdrückt. Es ist auch nicht wichtig, daß jemand Männlein zeichnet und wo auf dem Blatt und was für Männlein, aber es ist von Bedeutung, *in welchem Moment* er damit beginnt oder auch aufhört zu kritzeln. Daß Ihr Gegenüber seine Hand vor den Mund hält und damit vielleicht (dies ist nur eine Möglichkeit) eine Aussage zurücknehmen will, kann *dann* von Bedeutung sein, wenn Sie sich erinnern, welche Aussage unmittelbar vorher gemacht wurde. Aber wir begeben uns damit auf das Feld der Spekulation; dafür gibt es im Verhandlungsgespräch allerdings keinen Platz.

Ich erwähne noch kurz ein Spezialgebiet. Körpersprache wird speziell dann wichtig, wenn Sie im Fernsehen aufzutreten haben. Dann wirkt eine Diskrepanz zwischen verbaler Aussage und nichtverbaler Kommunikation besonders verfälschend. Es gibt Kurse für nichtverbale Kommunikation in der Öffentlichkeit. Wer regelmäßig im Fernsehen auftritt, für den ist ein solcher Kurs ein »Muß«.

*

Zusammenfassung

Dies ist kein Kurs, mit dem man Körpersprache erlernen kann. Der Autor macht im Gegenteil darauf aufmerksam, daß Körpersprache keine exakte Wissenschaft ist, sondern oft zu gefährlichen Fehlschlüssen verführt. Zum Beispiel ist nicht wichtig, *daß* jemand etwas tut, sondern *wann* er es tut.

3.6

»Nein« heißt »Jein«

> *Die meisten Versuche,*
> *sich durchzusetzen, scheitern daran,*
> *daß ein* Nein *akzeptiert wird.*

Zwei Mitarbeiter wurden vom Direktor einer Schuhfabrik nach Afrika gesandt, um die Möglichkeiten der Eröffnung einer neuen Niederlassung abzuklären. Der eine schrieb in seinem Bericht: »Nichts zu machen, alle laufen barfuß.« Der Bericht des anderen begann mit den Worten: »Riesiges Potential…«

Streichen Sie das Wörtchen Nein aus Ihrem Wortschatz, und setzen Sie es nur ein, wenn es absolut nicht mehr anders geht. Kein anderes Wort schafft so viele Konflikte. Lassen sie es nicht soweit kommen, daß ein Nein ausgesprochen wird, sondern versuchen Sie dies wenn immer möglich zu verhindern. Und wenn es trotzdem einmal geschieht? Lassen Sie sich dadurch nicht einschüchtern, sondern versuchen Sie, dieses Nein in einem ersten Schritt in ein Jein und in einem zweiten Schritt in ein Ja umzufunktionieren. In diesem Kapitel zeige ich Ihnen, wie. Eigentlich gibt es nur zwei Regeln, die Sie im Zusammenhang mit dem unerwünschten Nein beachten müssen:

1. Lassen Sie die Verbindung zum Gesprächspartner nie abbrechen, und
2. verhindern Sie, daß ein NEIN ausgesprochen wird.

Lassen Sie die Kommunikation niemals abbrechen

Was auch immer geschieht, achten Sie darauf, daß die Brücke zwischen Ihnen und Ihrem Verhandlungspartner *nie* abbricht. Sogar in Zeiten härtester Auseinandersetzung sollten Sie immer darauf achten, daß eine Verbindung offen bleibt. Dies muß nicht unbedingt eine breite Betonstraße sein, eine kleine Hängebrücke genügt auch, notfalls sogar ein dünner Faden. Es gibt immer und überall Gemeinsamkeiten, auch zwischen verfeindeten Parteien. Wenn Sie sie geschickt einsetzen, können diese dafür sorgen, daß sich später, wenn sich die Umstände geändert haben, wieder eine Verbindung herstellen läßt. Und Situationen ändern sich laufend – oft auf unvorhersehbare Weise. Sogar kriegführende Staaten behalten sich die Möglichkeit offen, miteinander über die diplomatischen Guten Dienste von Drittstaaten zu kommunizieren. Weshalb sollten wir uns nicht auch diese Gepflogenheit, die über Jahrhunderte gewachsen ist, zunutze machen? Für Beispiele und weitere Anregungen, wie Sie Situationen verändern können, verweise ich auf das Kapitel 2.2 »Das Klima günstig beeinflussen«.

Lassen Sie es nicht zu einem NEIN kommen

Hat Ihr Gesprächspartner einmal ein NEIN ausgesprochen, so hat er Stellung bezogen und wird nicht mehr so leicht davon abzubringen sein, da er sonst sein Gesicht verlieren könnte. Dies ist nicht nur in China oder in Japan fatal, sondern auch bei uns. Formulieren Sie deshalb die Frage offen, damit die Antwort nicht NEIN lauten kann.

Beispiele:

- *Sie müssen noch etwas einkaufen, aber das Geschäft wird soeben geschlossen. Mit der Frage »Kann ich noch etwas einkaufen?« legen Sie der Verkäuferin das NEIN direkt auf die Zunge. Besser ist: »Ich muß noch schnell eine Flasche Wein haben. Hier ist das Geld – schon abgezählt.«*
- *Sie sind Verkäufer in einer Bijouterie und bedienen eine Kundin. Ein Ring scheint ihr zu gefallen, aber sie sagt: »Ich kaufe diesen Ring nur, wenn ich 20 Prozent Rabatt erhalte.« Die Antwort »Nein, das geht bei uns nicht« würde den Verkauf in Frage stellen. Überhören Sie die Frage, und antworten Sie: »Über einen Rabatt können wir uns noch unterhalten, aber haben Sie beachtet, daß...« oder »Das dürfte schwierig sein, aber ich glaube schon, daß wir uns über die Konditionen einigen werden. Sehen Sie, hier...«*
- *Als es darum ging, gerade für dieses Buch einen Verlag zu finden, telefonierte ich mit einer Lektorin, die in einer deutschen Großstadt wohnt. Auf meine Frage, ob die geographische Distanz unsere Zusammenarbeit nicht erschwere,*

gab Sie mir ziemlich abrupt zur Antwort: »Wenn das für Sie ein Problem ist, dann sagen Sie es, und wir machen gleich tabula rasa.«

Wenn ich mir diese kleine Geschichte nochmals durch den Kopf gehen lasse, komme ich zum Schluß, daß dieses harte und völlig überflüssige Nein der Grund dafür war, daß ich mich für einen anderen Verlag entschied.

Was tun, wenn trotzdem ein Nein ausgesprochen wird?

Um eine neue Küche zu bestellen, nahm ich mit einem Küchenbauer, der mir empfohlen worden war, Kontakt auf. Seine erste (und einzige) Frage lautete: »Bis wann brauchen Sie die Küche?« Als ich ihm daraufhin sagte, daß sie nach 8 Wochen betriebsbereit sein sollte, gab er mir lakonisch zur Antwort, daß ihm dies nicht möglich sei, und beendete das Telefongespräch. Er stellte meinen Terminwunsch überhaupt nicht in Frage, und so wird er erst durch dieses Buch erfahren, daß er – ebenso wie diesen Auftrag – einen anderen für 10 weitere Kücheneinrichtungen verloren hat.

Sicher gibt es Fälle wie diesen, wo Sie gar nicht daran interessiert sind, dieses Nein in Frage zu stellen, und es auf sich bewenden lassen.

Normalerweise aber, um sich durchzusetzen, darf man ein Nein nicht einfach so akzeptieren. Wenn es ein schwaches

NEIN ist, können Sie es einfach überhören. Ihr Gesprächspartner wird Ihnen einen nachträglichen Kommentar, zum Beispiel: »Ich möchte noch etwas dazu sagen...« oder »Jetzt kommt mir noch etwas in den Sinn...« oder, mit einem Lächeln: »Ich habe einen Teil Ihres NEIN nicht verstanden. Ist es vielleicht...?« kaum abschlagen.

Aber beim harten, endgültigen NEIN wird es schwieriger, und es bleibt Ihnen fast nichts anderes übrig, als einen Schritt zurückzugehen, während einer Wartezeit das Klima zu verbessern und Kulissen zu schieben, wie es im entsprechenden Kapitel geschildert wird, um später in anderer Form wieder auf die Angelegenheit zurückzukommen. Das ist mit Zeit- und Energieverlust verbunden, den Sie sich hätten sparen können.

NEIN sieht so harmlos aus ...

Was gibt dem unscheinbaren Wörtchen NEIN soviel Macht? Vor allem die Tatsache, daß es sich meistens verkleidet. Es ist deshalb wichtig, daß wir die verschiedenen Maskeraden kennenlernen, die dem Wörtchen NEIN einen so außergewöhnlichen Einfluß geben.

Das belanglose NEIN

Es gibt ein kleines NEIN, das wir auch kennenlernen müssen. Wenn Sie im Restaurant auf den Wunsch »Ich hätte gerne einen Traubensaft« die Antwort erhalten: »Tut mir leid, führen wir nicht«, dann lohnt es sich nicht, über ein solches NEIN nachzudenken. Vermutlich werden Sie ein anderes Getränk bestellen, und der Fall dürfte erledigt sein. Manchmal hat es keinen Sinn, sich durchsetzen zu wollen.

Das NEIN aus Emotion

Das harte NEIN, ausgesprochen aus Verärgerung, Zorn oder Empörung, ist meist unüberlegt und sollte vermieden werden, weil man es später, wenn der Zorn verraucht ist, sowieso nicht halten kann oder aber für einen zu hohen Preis. Die Gefahr ist groß, daß Sie dabei Ihre Glaubwürdigkeit verlieren, und damit wäre die Katastrophe komplett. Bei der Scheidung: »...ich will dich nie wieder sehen«, bei der Kindererziehung: »Wenn du das nochmal machst, kriegst du eine...«, beim Einkauf: »Ich werde Ihren Laden nie mehr betreten...« Dies sind Beispiele solcher emotionalen NEINS, die besser nicht ausgesprochen worden wären. In diese Kategorie gehört auch das NEIN aus verletztem Stolz, das mancher schon sehr teuer bezahlt hat.

Ein europäisches Ehepaar hatte sich soeben in einem Hotel in Las Vegas eingetragen, das obligate Kreditformular unterschrieben und wollte von seinem Zimmer aus ins Ausland telefonieren. Die Operatorin verweigerte die Verbindung und verlangte, daß das Gespräch im voraus bar bezahlt werden müsse. Das war für unsere rechtschaffenen Europäer zu viel. Unter Bezugnahme auf ihre Kreditwürdigkeit und die gültige

Kreditkarte reklamierten sie die ganze Hierarchieleiter hinauf, von der Dame am Telefon bis zum Manager. Das Hotelpersonal blieb freundlich und verbindlich und erklärte die Maßnahme damit, daß sie für alle gelte, weil schlechte Erfahrungen gemacht worden seien. Aber die Empörung bei den Gästen wurde immer stärker und führte letzten Endes sogar dazu, daß die beiden das Hotel aus Protest verließen, das benutzte Zimmer bezahlen mußten und während Stunden keine andere Unterkunft fanden.

Zwar ließ sich das Ehepaar »... das nicht bieten« und hatte »recht erhalten«, aber um welchen Preis! Das NEIN aus verletztem Stolz hatten die beiden Touristen teuer bezahlt.

Das elegant verpackte NEIN

Diesem NEIN, das in einem pseudofreundlichen, distanzierten Ton und meistens indirekt ausgesprochen wird, ist schwer beizukommen.

Irrtümlicherweise hat Ihre Bank eine Überweisung ins Ausland mit Verspätung ausgeführt. Dadurch ist Ihnen ein Schaden entstanden, und Sie verlangen schriftlich Schadenersatz. Das Antwortschreiben der Bank könnte folgendermaßen lauten: »Mit großem Interesse haben wir Kenntnis genommen von Ihrem Schreiben, und wir bedauern unsern Irrtum außerordentlich. Wir möchten uns aber zuerst ganz herzlich dafür bedanken, daß Sie sich die Zeit genommen haben, uns auf diese Fehlerquelle aufmerksam zu machen. Dies wird uns ermöglichen, unsere internen Arbeitsabläufe zu überprüfen und zu verbessern. Nicht zuletzt haben Sie dadurch auch im Interesse unserer anderen Kunden gehandelt. Wir können durchaus verstehen, daß Sie über das Vorkommnis verärgert sind und daß Sie glauben, Anrecht auf Schadenersatz zu haben. Leider können wir Ihrem Wunsche nicht entsprechen, so gern wir dies auch tun würden, denn Artikel... des Reglements verbietet uns die Bezahlung von Folgeschäden, die aus terminlichen Verzögerungen unter 8 Arbeitstagen resultieren, auch wenn sie direkt oder indirekt durch unsere Organe verursacht wurden...«

Hier hat die Bank das NEIN in leere Worthülsen verpackt. Ich kenne solche Antwortschreiben, die zwei, drei Seiten lang waren, ohne daß überhaupt die Absicht bestand, den Schaden wiedergutzumachen.

Das NEIN im JA-Gewand

Oft verschleiert Ihr Partner das NEIN, sagt verbal vielleicht ja, aber verhält sich so, daß eine »Nein-Antwort« offensichtlich ist.

Sie laden jemand zum Essen ein, der im Prinzip ja sagt, sich aber »aus Termingründen« nicht festlegen will und einen Rückruf verspricht, der dann prompt nicht erfolgt.

Auch das ist in den meisten Fällen ein klares NEIN, wenn auch ein verstecktes. Ich kenne eine Familie, die ein offenes Haus unterhält und immer wieder Leute einlädt. Wenn jemand absagt, wird er bei einer anderen Gelegenheit wieder eingeladen. Drei Absagen werden als Signal dafür genommen, daß kein Interesse besteht, und diese Person wird nicht mehr eingeladen. Ein gutes System, finde ich.

Das eigene NEIN

Wir haben uns bis jetzt mit dem NEIN der andern Partei befaßt. Es gibt aber auch Situationen, in denen Sie selbst ein NEIN aussprechen müssen. Je nach dem Ziel, das Sie erreichen wollen, werden Sie die Form dieses NEIN wählen. Wenn Sie das NEIN als stategisches Mittel einsetzen, vielleicht um Zeit zu gewinnen, würden Sie zum Beispiel »NEIN, aber...« oder »NEIN, im Moment nicht...« verwenden. Wenn Sie aber prinzipiell jede weitere Diskussion vermeiden wollen, wählen Sie das harte NEIN. Ein solches NEIN müssen Sie zum Beispiel dann aussprechen, wenn Sie feststellen, daß die andere Seite, vielleicht nach einer langen Verhandlungsrunde, erklärt, daß sie das Resultat zuerst noch einer höheren Instanz vorlegen müsse, obwohl Sie immer davon ausgegangen sind, mit einem Partner zu verhandeln, der Entscheidungsbefugnis hat. Einen solchen Trick dürfen Sie nicht kommentarlos durchgehen lassen. Ihr NEIN könnte so aussehen, daß Sie bekanntgeben, daß Sie das gleiche Recht für sich in Anspruch nehmen, das Resultat genauso unverbindlich betrachten und sich ebenfalls Änderungen vorbehalten.

Ihr eigenes NEIN muß flexibel sein

Was ein flexibles NEIN ist, können wir aus der Kinoreklame lernen. Nach »letzte Vorstellungen« wird »prolongiert«, und dann kommen »die unwiderruflich letzten Vorstellungen«. Nachher wird »auf vielseitigen Wunsch« verlängert, und in der Folge lesen Sie: »Wegen anderer Verpflichtungen nur noch wenige Tage« und so weiter. Erst wenn es heißt: »Wegen großen Publikumsandrangs nochmals verlängert...«, können Sie annehmen, daß der Film ausgereizt, der Andrang kleiner geworden ist und daß die letzten Tage des Streifens tatsächlich nahe sind.

Versuchen Sie Ihr NEIN der Situation anzupassen und es so flexibel zu formulieren, daß Ihnen nachher, wenn sich die Situation vielleicht verändert hat, alle Wege offenbleiben. Die Amerikaner sind Meister in dieser Taktik.

In New York, bei einem Kreditkartenkauf, mußte ich ein riesiges Formular ausfüllen, fand das einen bürokratischen Unsinn und hatte keine Hemmungen, meine Meinung zu sagen. Jedes einzelne meiner Argumente wurde mit Engelsgeduld und immer mit demselben Satz beantwortet: »It's company policy« (Es ist die Politik der Firma). Als ein paar Wochen später das Formular abgeschafft war und ich mich ganz erstaunt danach erkundigte, war die lapidare Antwort: »Company policy has changed« (Die Firmenpolitik hat geändert).

Je härter das NEIN, desto sanfter die Form

Nehmen wir an, Sie müssen einem Mitarbeiter kündigen, was im Prinzip ja auch ein NEIN ist. Ungeachtet des Kündigungsgrunds ist es für den Betroffenen eine harte Maßnahme, und sie soll deshalb in sanfter Form durchgeführt werden. Dazu stehen Ihnen verschiedene Möglichkeiten zur Verfügung, vom formellen Brief bis hin zum ganz persönlichen Zwiegespräch. Der von Ihnen gewählte Weg ist nicht immer von Ihrer persönlichen Vorliebe, sondern oft auch von äußeren Umständen abhängig. In der Form sollten Sie aber immer sanft sein und den andern nach Möglichkeit nicht verletzen.

Ich hatte mich einmal um eine Stelle beworben, an der mir sehr viel gelegen war, und dementsprechend hatte ich viel Zeit und Energie aufgewendet, um den Posten zu erhalten. Leider klappte es nicht. Ich weiß heute nicht mehr, was der Grund für die Absage war, aber die Form ist mir bis heute im Gedächtnis haften geblieben. Der Brief begann folgendermaßen: »Ich muß Ihnen leider mitteilen, daß die Wahl auf einen anderen Bewerber gefallen ist. Nachdem jetzt diese unangenehme Nachricht ausgesprochen ist, bin ich innerlich frei, um Ihnen zu sagen, daß mir Ihre Bewerbung sehr gefallen hat...«

Und dann folgten einige positive, liebenswürdig formulierte Eindrücke über meine Person und meinen bisherigen Berufsweg. Der Brief schloß mit dem Wunsch um Verständnis für die Notwendigkeit, eine Auswahl treffen zu müssen.

Um aus dem NEIN ein JEIN zu machen, gibt es kein allgemeingültiges Rezept, denn Sie werden je nach Situation einen anderen Weg wählen und unter Umständen sogar mitten in der Aktion umkehren müssen. Die beiden idealen Qualitäten, die Sie sich aneignen müssen, sind Kreativität und vor allem Zähigkeit, damit Sie Ihr Ziel niemals aus den Augen verlieren.

Um die Kreativität zu schulen, gibt es viele Bücher und Kurse. Auf ein besonderes Buch möchte ich noch hinweisen. Es heißt: »Strategeme« (siehe Literaturverzeichnis). Das Wort »Strategem« wird im Duden mit »Kriegslist, Trick« übersetzt. Harry von Senger, der Autor, ein Jurist und Sinologe, hat dieses Thema jahrelang in China und Japan studiert und beschreibt auf über 400 Seiten eine Fülle von Taktiken und Listen, die zwar ihren Ursprung in der fernöstlichen Kultur haben, die Sie aber teilweise auch bei uns anwenden können. Ein Beispiel aus dem Buch, stark gekürzt:

Der Vorsteher einer chinesischen Provinzhauptstadt mußte feststellen, daß das offizielle Amtssiegel seines Kreises verschwunden war. Wegen des bevorstehenden Besuches des Provinzgouverneurs war es wichtig, daß das Siegel rasch herbeigebracht werden konnte. Der Vorsteher war fast sicher, daß der Gefängniswärter Hu den Diebstahl begangen hatte, konnte es ihm aber nicht beweisen. Er wandte sich an einen Gelehrten, der strategemkundig war. Dieser versprach, das Siegel innerhalb dreier Tage wieder herbeizuschaffen. In der Nacht des dritten Tages brach im Amtsgebäude plötzlich Feuer aus. Alles eilte herbei, um bei den Löscharbeiten zu helfen. Als auch der Gefängniswärter Hu ankam, übergab ihm der Kreisvorsteher die verschlossene Schatulle, in der sich normalerweise das Amtssiegel befand, und trug ihm auf, sie gut zu verwahren und vor dem Feuer zu schützen. Dem Gefängniswärter ging ein Licht auf, und er realisierte, daß er auf ein Strategem hereingefallen war. Als der Kreisvorsteher am anderen Tag die Schatulle öffnete, lag das Siegel unversehrt wieder drin.

*

Zusammenfassung

Dies war zweifellos eines der wichtigsten Kapitel dieses Buches. Viel zu oft wird ein NEIN kommentarlos akzeptiert, und man wagt nicht, es in Frage zu stellen. In diesem Kapitel wurde gezeigt, wie Sie ein NEIN in ein JEIN und dann in ein JA verwandeln können, ohne den Gesprächspartner zu verletzen. Die beiden Regeln (Gespräch nie abbrechen lassen und verhindern, daß ein NEIN überhaupt ausgesprochen wird) werden ausführlich beschrieben.

3.7
Fragen und Antworten

In diesem Kapitel sind einige Fragen zusammengestellt, die immer wieder an mich gerichtet und die Ihnen den Schritt in die Praxis erleichtern werden. Die in diesem Buch behandelten Themen sind keine exakte Wissenschaft und lassen manchmal mehrere Antworten zu. Ich habe die Fragen so beantwortet, daß sie *für mich* stimmen, aber selbstverständlich werden Sie, aufgrund Ihres persönlichen Stils und ihrer Kreativität, bei einzelnen Fragen zu andern Antworten kommen. Dagegen ist nichts einzuwenden, vielmehr ist es begrüßenswert, daß Sie meine Antworten kritisch beurteilen und anders gewichten, denn Sie müssen ja *Ihren* Stil, *Ihre* Methode und *Ihre* Arbeitsweise erarbeiten und anwenden.

F: Gibt es Regeln dafür, wann eine Besprechung stattfinden soll?

A: Sie werden nicht immer die Möglichkeit haben, die Zeit zu bestimmen, aber wenn Sie es können, sollten Sie es unbedingt tun. Terminieren Sie die Verabredung auf die Zeit, in der Sie am leistungsfähigsten sind. Sind Sie ein Morgenmuffel? Vielleicht erst nach 9 Uhr voll da? Oder werden Sie gegen Mittag müde? Sind Sie nach dem Mittagessen träge? Versuchen Sie, Ihren persönlichen

Rhythmus beim Vorplanen Ihrer Agenda zu berücksichtigen, und halten Sie schwierige Verhandlungen zu Zeiten ab, die für Sie optimal sind.

F: Mit wem soll ich verhandeln? Mit »Schmitt« oder mit »Schmittchen«?

A: Es ist nicht immer leicht herauszufinden, wer die richtige Person ist. Wenn Sie zu hoch oben einsteigen, verärgern Sie unter Umständen den Sachbearbeiter und wecken seinen Widerstand, weil er sich übergangen fühlt. Wenn Sie aber zu tief einsteigen, kann Ihr Gesprächspartner das Problem mit dem berüchtigten: »Ich kann das leider nicht (allein) entscheiden« auf die lange Bank schieben. Es lohnt sich also, genau abzuklären, wer für Sie zuständig ist.

F: Wie stelle ich fest, wer die richtige Person ist?

A: Ihr Verhandlungspartner soll in der Hierarchie so hoch wie möglich angesiedelt sein, aber nur so tief wie nötig, so daß die Sachebene nicht verlassen wird.

F: Wie kann ich mich auf ein wichtiges Gespräch vorbereiten?

A: Sammeln Sie so viele Informationen wie möglich, unabhängig davon, ob Sie diese Verhandlung wirklich benötigen oder nicht. Zur Vorbereitung gehört auch, daß Sie sich auf heikle Situationen persönlich »einstimmen«, indem Sie ausgeruht erscheinen und bewußt alle anderen Konflikte vorübergehend von sich fernhalten. Versuchen Sie, sich vorher auf Ihren Gesprächspartner einzustimmen, seine Probleme zu erahnen. Sie werden dann im Gespräch nicht mehr überrascht sein.

F: Welche Rolle spielt der Ort der Begegnung?

A: Im allgemeinen bestimmt die oder der Einladende. Wenn *Sie* den Ort wählen können, entscheiden Sie sich für eine Örtlichkeit, die Ihnen Sicherheit vermittelt, sei es Ihr Büro, ein neutraler Ort oder ein Restaurant. Treffen Sie 10 Minuten früher im Restaurant ein, damit Sie den strategisch richtigen Platz auswählen und die Tischordnung selbst bestimmen können.

F: Mir ist aufgefallen, daß ich bei vielen Gesprächen immer wieder in Details abschweife. Was mache ich falsch?

A: Ich vermute, daß Sie das Gespräch nicht aktiv leiten und sich zu inhaltslosem, seichtem Gespräch verführen lassen. Gehen Sie konsequent nicht auf Details ein, die nichts mit dem Verhandlungsgegenstand zu tun haben. Nehmen Sie zum Beispiel Entschuldigungen für das Zuspätkommen oder für ein Mißverständnis kurz an, aber leiten Sie dann sofort aktiv auf ein anderes Thema über. Dies wird den Verhandlungsverlauf enorm straffen.

F: Wenn beide Fronten verhärtet und die andere Seite nicht kompromißbereit ist, welche Möglichkeiten habe ich, um das Eis aufzutauen?

A: Prüfen Sie die folgenden Möglichkeiten: Schalten Sie eine neutrale Drittperson ein, die von beiden Seiten respektiert wird. Diese Persönlichkeit wird nicht leicht zu finden sein, aber wenn sie gefunden und bereit ist, sich als Vermittlerin einsetzen zu lassen, sind die Chancen recht gut, ein vernünftiges Verhandlungsergebnis zu erzielen. Versuchen Sie, Prämissen zu verändern. Beispiel: Bei der Friedenskonferenz zwischen den Israelis und den Arabern in Madrid wurde das Umfeld so verändert, daß weder Palästinenser noch Israelis der Konferenz fernbleiben konnten, ohne sich vor der Weltöffentlichkeit zu blamieren. Seien Sie geduldig, und arbeiten Sie mit dem Faktor Zeit, der Ihnen die Möglichkeit gibt, Veränderungen im Bewußtsein der Betroffenen und Veränderungen des Umfeldes langsam einfließen zu lassen. Geben Sie in einem Nebenpunkt nach, und schaffen Sie so eine neue Situation. Bildlich gesprochen: Gehen Sie einen Schritt zurück, um später wieder zwei Schritte vorwärts tun zu können. Machen Sie den ersten Schritt, und lassen Sie die Gegenseite wissen, daß sich die Situation in Ihren Augen unglücklich entwickelt, daß dies nicht in Ihrem Sinn sei und daß Sie (zum Beispiel) ein unverbindliches Treffen oder ein kurzes Telefongespräch vorschlagen. Gehen Sie aber so vor, daß dieser Schritt nicht als Zeichen der Schwäche ausgelegt wird. Wenn diese Gefahr besteht, sollten Sie ihn lieber unterlassen.

: Gibt es eine Übung, mit der ich lernen kann, die Kontrolle über die Gespräche zu übernehmen?

.: Eine wirkungsvolle, aber sehr schwierige Übung ist die folgende: Nehmen Sie sich vor, bei einer freundschaftlichen Diskussion unter Freunden das Gespräch auf ein bestimmtes Thema zu bringen, zum Beispiel auf ein Tierkreiszeichen oder das Skilaufen, aber ohne daß die anderen etwas merken. Es wird Ihnen anfänglich kaum gelingen, unauffällig in den Gesprächsfluß einzugreifen und ihn umzuleiten, aber es ist eine hervorragende Übung zu lernen, die Kontrolle eines Gesprächs zu übernehmen.

F: Gibt es Regeln, wie ich mich kleiden soll?

A: So, daß die Kleidung kein Thema ist. Passen Sie sich den Usanzen an, die auf der anderen Seite herrschen. Wenn Sie das Bedürfnis verspüren, Ihre Kleidung auf irgendeine Art zu kommentieren, vielleicht zu erklären, weshalb Sie keine Krawatte tragen, dann haben Sie etwas falsch gemacht. Vermeiden Sie es, auffällige Statussymbole vorzuzeigen, es sei denn, das gehöre zu Ihrem Plan.

F: Ist das, was Sie hier beschreiben, nicht eine besonders raffinierte Form der Manipulation?

A: Nein, im Gegenteil. Das Wort »Manipulation« erscheint im ganzen Buch nie, und das hat seinen Grund. Der Duden definiert Manipulation so: »Bewußter und gezielter Einfluß auf Menschen ohne deren Wissen und oft gegen deren Willen.« Ich verurteile diese Art von Beeinflussung sehr, und meine Abneigung dagegen ist mit ein Grund, daß dieses Buch überhaupt geschrieben wurde. Unser Wissen um solche Methoden macht die Spieße gleich lang und gibt den Demagogen weniger Chancen.

4

Hilfsmittel

Alles, was Sie bis jetzt gelernt haben, nützt Ihnen nur dann, wenn es Ihnen Freude macht, dies auch anzuwenden. Darum wurde dieses Kapitel beigefügt. Es enthält eine Fallstudie, in der detailliert kommentiert wird, wie Sie sich durchsetzen können. Dann folgt eine Checkliste, die Sie an die wichtigsten Problemstellungen erinnert.

4.1

Eine Fallstudie

Wie sich Paul Weber 900 DM zurückholte

Die Geschichte

Paul Weber kauft einen IBM-Computer zum Spezialpreis von DM 3800. Er bezahlt bar und nimmt ihn gleich mit. Zwei Tage später entdeckt er eine Anzeige, in welcher dieselbe Firma das genau gleiche Modell für DM 2900 anbietet. Er ist empört und möchte sein Geld zurück.

So setzt sich Paul durch

Zuerst telefoniert er mit einem anderen IBM-Händler und erkundigt sich ganz allgemein nach einem Computer. Er wird auf die ihm bereits bekannte Verbilligungsaktion hingewiesen und erfährt, daß diese Preisaktion nicht vom Ladengeschäft, sondern von IBM selbst organisiert worden war. Sie hat am ersten des Monats begonnen – einen einzigen Tag nach seinem Kauf.

Paul Weber ruft daraufhin den Verkäufer an, der ihm den Computer verkauft hat, und verlangt die Differenz zurück. Dieser ist jedoch zu keiner Rückerstattung bereit, beruft sich auf das abgeschlossene Geschäft und auf die Tatsache, daß die Aktion erst einen Tag nach Paul Webers Kauf begonnen habe. Weber habe also den an diesem Tag gültigen Preis gezahlt, und damit sei für ihn die Angelegenheit erledigt. Obwohl sich Paul Weber ärgert, läßt er sich nicht provozieren und bleibt freundlich, führt aber das Gespräch nicht weiter.

Dann ruft er die Firma IBM an und bittet um Hilfe bei der Durchsetzung seiner Ansprüche. Der Verkaufschef teilt ihm mit, daß er keinen Einfluß auf die Verkaufspolitik seiner Abnehmer nehmen könne, daß er aber den betreffenden Computershop als seriös einstufe. Im weiteren Gespräch erfährt Paul Weber noch zwei wichtige Einzelheiten, nämlich daß der Inhaber des Computergeschäftes Heinz Müller heiße sowie die Tatsache, daß IBM für diese Aktion »stock protection« gewährt habe. Diese Bezeichnung, so läßt er sich erklären, bedeute, daß die Firma IBM auch auf alle Bestände, die bei Aktionsbeginn bei den Wiederverkäufern an Lager waren, die Preisdifferenz zurückvergüte. Paul Weber dankt dem Verkaufschef für seine Hilfe und bietet ihm an, ihn über den Verlauf der Angelegenheit zu informieren.

Nachdem die direkte Intervention nichts genützt hatte, entschied er sich, einen Brief zu schreiben, und adressierte ihn direkt an den Inhaber des Computergeschäfts:

Sehr geehrter Herr Müller
Ich habe am 31. August in Ihrem Ladengeschäft einen IBM-Computer gekauft und den Betrag von DM 3800 in bar bezahlt. Beiliegend übersende ich Ihnen eine Fotokopie der

entsprechenden Kassaquittung. Einen Tag später las ich in einer Zeitung, daß Sie dasselbe Modell zum Preis von DM 2900 anbieten. Ich bin der Meinung, daß Ihre Firma mir die Differenz von DM 900 zurückerstatten muß.

Sie verfügen über einen ausgezeichneten Ruf, und das ist in der Computerbranche nicht selbstverständlich. Ein solches Image ist das Resultat von korrekter Geschäftsführung über Jahre hinweg, was mir übrigens auch von Drittpersonen bestätigt wurde. Dies ist der Grund, daß ich mich persönlich an Sie wende.

Würden Sie es nicht auch als unfair empfinden, wenn Ihnen Ihr Lieferant einen einzigen Tag vor der Preisänderung noch den alten, höheren Preis fakturieren würde? Dort wird ja auch eine Karenzzeit einberechnet, denn die IBM hat mir bestätigt, daß sie, im Rahmen der stock protection, auch auf meine Maschine die Differenz zum neuen Verkaufspreis zurückerstatten wird. Sie erleiden also keinen Verlust.

Ich höre gerne wieder von Ihnen und freue mich, wenn ich Ihre Firma auch in Zukunft empfehlen kann.

Mit freundlichen Grüßen

Kopie an IBM

Paul Weber erhielt postwendend einen Scheck über DM 900 zugesandt. Er bedankte sich mit einem kurzen Brief für die rasche Erledigung seiner Anfrage und sandte ebenfalls eine Kopie an IBM.

*

Kommentar

Zuerst holte Paul Weber bei der Konkurrenz Informationen ein und erfuhr dabei, daß es sich um eine IBM-Aktion handle und daß alle Computerläden ihren Kunden dasselbe Angebot machen können.

Dann versuchte er den kurzen Weg und telefonierte mit dem Verkäufer. Obwohl dieser unfreundlich war, ging er auf die Provokationen nicht ein, sondern blieb weiterhin verbindlich. Damit ihm der Verkäufer nicht intern den zukünftigen Weg blockieren konnte, erwähnte er auch nicht, daß er weitere Schritte plane.

Nachdem er also kein Gehör gefunden hatte, mußte er sich zusätzliche Informationen beschaffen. Er wandte sich an IBM und erfuhr, daß ihm diese keine Unterstützung geben könne. Er akzeptierte aber dieses NEIN nicht und diskutierte weiter. So erhielt er noch weitere nützliche Informationen, wie zum Beispiel den Namen des Inhabers, daß seine Firma einen guten Ruf habe und die Tatsache, daß IBM »stock protection« gewähre. Alles Informationen, die er verwenden konnte. Paul ließ dann von sich aus und absichtlich den Satz fallen, daß er die IBM über den Verlauf der Angelegenheit orientieren würde. Dadurch konnte er seinem Brief mehr Gewicht geben.

Den Brief an den Computerhändler formulierte er derart, daß die Interessen der Firma im Vordergrund stehen. Weber schrieb nicht: »Ich fühle mich betrogen« oder: »Ich will mein Geld zurück«, sondern drehte den Spieß um und versetzte den andern in seine Situation. Er plazierte auch eine

Captatio benevolentiae (Sie haben einen guten Ruf...) und ließ das verunglückte Gespräch mit dem Computerverkäufer unerwähnt. Durch den Hinweis »Kopie an IBM« ließ er durchblicken, daß er mit dem Hauptlieferanten Kontakt aufgenommen hatte.

Am Schluß der Auseinandersetzung bedankte er sich bei Heinz Müller für die rasche Erledigung seines Problems. So schaffte er einen Boden für eine allfällige zukünftige Beziehung.

4.2

Checkliste

Mit dieser Checkliste können Sie kontrollieren, ob Sie vor der Durchsetzungsaktion an alles gedacht haben und ob während der Aktion alles nach Wunsch verläuft.

A. Vorher

1. Weiß ich, was ich erreichen will? Habe ich meine Maximal- und Minimalziele definiert?
2. Besitze ich genügend Informationen über die *Person bzw. die Firma,* mit der ich zu tun haben werde? Ist es der richtige Verhandlungspartner? Weiß ich genug über seine Verhandlungstaktik, Alter, Stellung, Einfluß? Sind diese Informationen überprüft?
3. Besitze ich genügend Informationen über das *Umfeld,* die Branche, die Usanzen, die Örtlichkeiten? Sind diese Informationen überprüft?
4. Bin ich über die zu verhandelnde *Angelegenheit* bis ins letzte Detail orientiert? Kenne ich den objektiven und den subjektiven Sachverhalt?
5. Bestehen Konflikte zwischen einzelnen Personen? Können diese vorher ausgeräumt werden? Wie ist das allgemeine Klima? Muß es verbessert werden?

B. Während

6. Fühle ich mich persönlich am Ort der Verhandlung wohl, oder muß etwas verändert werden (Sitzordnung, Sonneneinstrahlung usw.)?
7. Ist der Partnerbezug hergestellt? Erfasse ich die Persönlichkeit des/der Teilnehmer(s)? Weiß ich, wer dominiert?
8. Höre ich zu? Beobachte ich?
9. Besteht der Partnerbezug noch?
10. Wer hat die Kontrolle? Muß ich etwas tun, um sie zurückzugewinnen?
11. Beobachte ich immer noch? Partnerbezug o.k.?

C. Nachher

12. Manöverkritik: Welche Fehler oder Fehleinschätzungen sind mir unterlaufen? Aus welchem Grund? Was hätte ich besser machen können?

5

Anhang

Zu diesem Buch

Wie können Sie optimal von diesem Buch profitieren? Blättern Sie es nochmals durch. Gibt es Passagen oder Beispiele, die Ihnen besonders eingängig erschienen sind? Die sie verblüfft oder verärgert haben? Möglicherweise sind dies jene Kapitel, zu deren Thematik Sie eine besondere Affinität haben und bei welchen Sie sich zuerst weiterbilden sollten. Dies wird Ihnen Spaß machen, und hier erzielen Sie auch die schnellste Wirkung. Nehmen Sie sich einschlägige Bücher vor (eine Auswahl finden Sie im Literaturverzeichnis), konzentrieren Sie sich zuerst auf dieses Teilgebiet, und üben Sie im Alltag entsprechend.

Falls Sie mehr Systematik vorziehen, empfehle ich Ihnen, als erstes das Kapitel »Geschickt fragen...« durchzuarbeiten und sich dann mit dem verwandten Kapitel »...und richtig antworten« zu befassen, ebenfalls unterstützt durch entsprechende Literatur. Die Beschäftigung mit diesen Themen wird automatisch zu den anderen Kapiteln dieses Buches führen, wobei »...und zuhören können« eine Schlüsselrolle innehat.

Sie werden dieselben Erfahrungen wie beim Erlernen einer Fremdsprache machen. Der Erfolg tritt relativ schnell ein, und Sie können Ihre neuen Fähigkeiten schon recht bald in die Praxis umsetzen, vorerst vielleicht noch etwas unsicher. Die Sicherheit wird sich erst mit fortgesetzter Übung einstellen. Schon bald werden Sie in der Lage sein, sich bei einfachen Problemen subtil durchzusetzen. Ihre Einstellung zum ganzen Problemkreis wird sich ändern, und Sie werden neue Lösungsmöglichkeiten finden. Vielleicht genügt Ihnen das. Falls nicht, d. h., wenn Sie sich weiter perfektionieren wollen, heißt das Rezept: üben, üben und nochmals üben, denn die Praxis ist durch nichts zu ersetzen.

*

Sich durchzusetzen kann auch lebenswichtig sein, wie das folgende kleine Beispiel zeigt, das ich zum Abschluß anführe.

Zwei Frösche namens Opti und Pessi fielen in eine Kanne voll Sahne. Pessi rief aus: »O Schreck, ich ertrinke!«, und so geschah es. Opti hingegen strampelte wild mit den Beinen und hüpfte nach einiger Zeit müde, aber mit hoch erhobenem Kopf auf einem Butterberg aus der Kanne heraus.

*

An den Anfang dieses Buches habe ich die folgende Warnung gesetzt:

Dieses Buch verschafft Ihnen die Möglichkeit, hinter die Fassade der Menschen zu blicken und Personen, mit denen Sie zu tun haben, zu durchschauen. Geben Sie aber niemals

zu erkennen, daß Sie diese Fähigkeit besitzen, sonst verunsichern Sie ihre Mitmenschen und machen ihnen angst.

Sie kennen jetzt die Wege, die Sie zu dieser Fähigkeit führen, und werden sie zweifellos weiterentwickeln und vervollkommnen. Ich wünsche mir, daß Sie Ihr neu erworbenes Talent vorsichtig, verantwortungsbewußt und mit Maß anwenden. So eingesetzt, werden Ihnen die Methoden dieses Buches helfen, ein Verhandlungsklima zu schaffen, das alle Partner zu Gewinnern werden läßt.

Zürich, im August 1992

Ihr Bruno Gideon

Dank

Ich danke den vielen Freunden und Geschäftspartnern, die ich in den vergangenen Jahrzehnten kennengelernt habe und die indirekt an diesem Buch mitgewirkt haben, denn sie alle haben mir irgendwann einmal Gelegenheit gegeben, mein Durchsetzungsvermögen zu üben – oder ein guter Verlierer zu sein.

Besonderer Dank gebührt denjenigen meiner Freunde, die mir Mut gemacht haben, dieses Buch zu schreiben. Es sind dies, in alphabetischer Reihenfolge und ohne Anspruch auf Vollständigkeit:

Gisela Anders, Matthyas Arter, Martin Brugger, Beat Curti, David E. Dreyfuss, Walter Gideon, Gaby Guggenheim, Mark van Huisseling, Antoinette Justus, Gerhard Landert, Jean und Annemarie Lippmann, Kari Lüönd, Ernst N. Müller, Koni Rohner, Rita und Clemens Zehnder.

So also hat Bruno Gideon das gemacht ...

Nachwort einer »Betroffenen«

Was wäre wohl geworden, wenn ich dieses Buch vor 33 Jahren gelesen hätte? Wäre mein Leben anders verlaufen? Die Fragen sind müßig, denn wer liest schon Bücher am Vorabend seiner Hochzeit!

Ich bin die Frau des Mannes, der in diesem Buch verrät, wie er sich (fast immer) durchsetzt, ohne zu verletzen. Und ich muß bestätigen: Meist schafft er es wirklich; nicht nur im Geschäftsleben, sondern auch im Privatbereich. Zwar ist es in diesen 33 Jahren nicht ganz ohne Verletzungen abgegangen, aber wir sind noch immer ein gutes Team.

Freunde, Bekannte und Unbekannte werden jetzt fragen: Wie hält man es eigentlich aus an der Seite eines Mannes, der sich nicht nur durchzusetzen versteht, sondern auch noch ein Buch darüber schreibt? Ich antworte mit der Geschichte von unserem Hund Shiva:

Ich liebe Tiere, aber einen Hund wollte ich damals nicht. Dieser tägliche Zwang zum Spaziergang, die Einschränkung der Bewegungsfreiheit und überall Haare auf Teppich und Möbeln ... Bruno Gideon hörte sich meine Einwände ruhig an und schwieg. Von Zeit zu Zeit begann er einfach wieder von einem Hund zu reden. Wie ich mich sicher fühlen würde dank diesem Tier und daß Spaziergänge bei jedem Wetter gut sind für die Gesundheit und überhaupt ... Es gab keinen Streit zwischen uns. Er kam einfach wieder und wieder auf das Thema zurück. Wahrscheinlich merkte er, daß mein Widerstad weniger tiefgründig war, als ich vorgab. Und dann geschah es. Zufälligerweise hörte ich von jemandem, der einen Hund zu vergeben hätte. Warum ich dies meinem Mann weitererzählte, ist mir heute noch unklar. Er meinte nur kurz, wir könnten uns diesen Hund ja einmal ganz unverbindlich ansehen. Und da war's um mich geschehen. Shiva legte ihren Kopf auf meinen Schoß und schaute mich aus tiefbraunen Augen herzerweichend an. Nur ein Unmensch hätte noch nein sagen können.

Was sich in diesem Buch so leicht liest und sich so selbstverständlich, ja fast banal anhört, muß in Wirklichkeit beharrlich erarbeitet werden. Durchsetzen kann sich nur, wer Rückschläge hinnehmen kann und sich nicht beirren läßt.

Denn so ganz von Anfang an hat sich auch der Autor nicht durchgesetzt. Als wir heirateten, war Bruno Gideon Einkäufer, und ich verdiente mein Geld als Sekretärin. In der Firma meines Mannes wurde damals eine Reorganisation durchgeführt, und als wir nach der Hochzeitsreise nach Hause zurückkehrten, lag der blaue Brief in unserem Briefkasten – sein Arbeitsplatz war wegrationalisiert worden. Diese Kündigung traf ihn hart, aber rückblickend hat sie den Weg zum Erfolg geebnet und diesen vielleicht erst möglich gemacht. Gegen starken Widerstand des angestammten Handels baute er die erste Cash-&-Carry-Kette der Schweiz auf, bis wir uns im Jahre 1968 gemeinsam selbständig machten und die Lebensmittel-Discountkette »PickPay« gründeten. Jetzt wurde das Durchsetzen noch wichtiger als früher, ja geradezu eine Frage von Überleben oder Untergehen. Denn je mehr Erfolg wir hatten, desto mehr Steine wurden uns von den lieben Konkurrenten in den Weg gelegt. Einige dieser »Steine« sind in diesem Buch beschrieben, und die Hauptdarsteller werden sich bestimmt wiedererkennen.

Die Eröffnung unseres ersten Ladens bleibt mir unvergessen. Wir schleppten Kisten, füllten Gestelle, zeichneten Preise aus, saßen an der Kasse und kauften Waren ein. Das heißt: Er kaufte ein. Unser »Büro« beschränkte sich auf wenige Quadratmeter Fläche. Dort empfingen wir die Vertreter, und ich verließ dann oft den kleinen Raum, nicht nur, weil es zu eng wurde, sondern weil ich das beharrliche Feilschen um den besten Preis kaum mehr mitanhören konnte; die Gesprächspartner meines Mannes taten mir leid. Allerdings lernte ich, daß das Ziel – der billigste Einkaufspreis – für einen Lebensmitteldiscounter wichtig, wenn nicht sogar lebenswichtig ist, daß aber auch der Weg dazu reizvoll sein kann. Zur Bestform lief er auf, wenn ihm ein ebenbürtiger Partner gegenübersaß. Dann jonglierte er mit sachlichen Argumenten, appellierte ans Gefühl, ließ nach anfänglicher Härte seinen ganzen Charme spielen und zog alle Register, bis er erreicht hatte, was er wollte. Ich zerschmolz dann regelmäßig vor Mitleid mit dem »armen« Vertreter. Dabei hatte dieser offensichtlich auch seinen Spaß am Spiel, denn eine vorschnelle Einigung, ein nicht ganz austarierter Kompromiß wäre für beide enttäuschend gewesen. Ich merkte, daß sich der Erfolgreiche immer flexible Ziele setzt: nicht unbedingt sechs Prozent Rabatt zum Beispiel, sondern zwischen vier und acht Prozent.

Damals muß auch die Idee zu diesem Buch entstanden sein. Uns ging auf, daß in solchen Verhandlungen mit Druck und Härte wenig zu machen war, daß es aber keineswegs verboten ist, hart an die Grenzen zu gehen. Das Kunststück besteht nur darin, diese Grenze – und zwar vor allem diejenige des Partners – möglichst genau zu erkunden und dem Gegenüber immer die Chance zu lassen, sein Gesicht zu wahren; vor allem dann, wenn es schließlich nachgibt oder nachgeben muß.

»In den Mokassins des Indianers gehen« heißt vor allem, sich an die Gefühle des Verhandlungspartners heranzutasten, um ihn in seiner Ganzheit zu verstehen. Meine Erfahrung hat mich gelehrt, daß dies auch im Privatbereich der bessere Weg ist als das altbekannte Powerplay der Emotionen, das nur blockiert. Auch wenn es nicht um Prozente geht, sondern zum Beispiel um die Anschaffung eines Hundes, um das nächste Ferienziel, um so ernste Dinge wie eine Entlassung oder um Probleme in der Partnerschaft: Mit den Regeln, die dieses Buch aufstellt, sind sie besser zu lösen. Informationen sammeln, das richtige Klima schaffen, die Motive hinterfragen, nicht nur reden, sondern auch aufmerksam zuhören, das Nein nie als endgültige Antwort hinnehmen, sondern heraushören, was in den meisten Fällen wirklich gemeint ist: »Vielleicht doch, aber bitte nicht gleich jetzt oder lieber ein bißchen anders.«

Lucie Gideon

Literaturverzeichnis

Bambeck, Joern J.: *Softpower – gewinnen statt siegen.* München 1989, Langen-Müller.

Bennis, Warren/Nanus, Burt: *Führungskräfte.* Die vier Schlüsselstrategien erfolgreichen Führens. Frankfurt/Main 1985, Campus.

Bettger, Frank: *Lebe begeistert und gewinne.* Zürich 1990, Oesch.

Bettger, Frank: *Erlebte Verkaufspraxis.* Wie ich meinen Umsatz und mein Einkommen vervielfachte. Zürich 1992, Oesch.

Birkenbihl, Vera: *Signale des Körpers.* Körpersprache verstehen. München 1990, mvg.

Birkenbihl, Vera: *Fragen Sie sich zum Erfolg*. Der direkte Weg zum Verhandlungspartner (Kassettenkurs). München o. J., mvg.

Bodenheimer, A. R.: *Verstehen heißt antworten.* Eine Deutungslehre aus Erkenntnissen der Psychotherapie. Frauenfeld 1987, Im Waldgut.

Bodenheimer, A. R.: *Warum?* Von der Obszönität des Fragens. Stuttgart, Reclam.

Brown, W. Steven: *Todsünden des Managers.* Die dreizehn dümmsten Fehler, die Manager begehen können – und wie man sie vermeiden lernt. Zürich 1988, Oesch.

Carnegie, Dale: *Wie man Freunde gewinnt.* Die Kunst, beliebt und einflußreich zu werden. Bern 1990, Scherz.

Dawson, Roger: *The Secret of Power Negotiation* (Kassettenkurs). Chicago o. J., Nightingale-Conant Corp.

Gordon, Thomas: *Familienkonferenz.* Die Lösung von Konflikten zwischen Eltern und Kind. München 1990, Heyne.

Gordon, Thomas: *Lehrer-Schüler-Konferenz.* Wie man Konflikte in der Schule löst. Hamburg 1977, Hoffmann & Campe.

Harmon, Frederick G.: *The Executive Odyssey.* New York o. J., Wiley.

Hartig, Willfred: *Moderne Rhetorik.* Rede und Gespräch im technischen Zeitalter. Heidelberg 1988, Sauer.

Holzheu, Harry: *Aktiv zuhören – besser verkaufen.* München 1985, moderne industrie.

Kenley, Joan: *Stimme und Erfolg*. Ein Selbsterfahrungs- und Übungsbuch. Zürich 1990, Oesch.

Kirschner, Josef: *Manipulieren, aber richtig*. Die acht Gesetze der Menschenbeeinflussung. München 1974, Droemer.

Lay, Rupert: *Dialektik für Manager*. Methoden des erfolgreichen Angriffs und der Abwehr. München 1987, Langen-Müller.

Lay, Rupert: *Manipulation durch die Sprache*. Rhetorik, Dialektik und Forensik in Industrie, Politik und Verwaltung. Berlin 1990, Ullstein.

Lay, Rupert: *Führen durch das Wort*. München 1989, Langen-Müller.

Lüscher, Max: *Signale der Persönlichkeit*. Rollen-Spiele und ihre Motive. Düsseldorf 1988, Econ.

Mastering Business Writing. Hrsg. vom National Institute of Business Management. New York o. J., Berkley.

Middendorf, Ilse: *Der erfahrbare Atem*. Eine Atemlehre (mit Kassetten). Paderborn 1988, Junfermann.

Morris, Desmond: *Körpersignale*. München 1986, Heyne.

Morris, Desmond: *Der Mensch, mit dem wir leben*. Ein Handbuch unseres Verhaltens. München 1983, Droemer.

Morris, Desmond: *Der nackte Affe*. München 1985, Droemer.

Oesch, Emil: *Die Kunst, Zeit zu haben*. Ratschläge für den Umgang mit unserem kostbarsten Gut. Zürich 1986, Oesch.

Peale, Norman Vincent: *Die Kraft positiven Denkens*. Zürich 1986, Oesch.

Richardson, Jerry: *The magic of rapport*. Cupertino (USA) 1987, Meta.

RoAne, Susan: *Sag doch einfach hallo!* Wie man sich in Gesellschaft selbstbewußt bewegt und Kontakte knüpft. Zürich 1990, Oesch.

Schuller, Robert H.: *The win-win Negotiator*. New York o. J., Pocket Books.

Senger, Harro von: *Strategeme*. Lebens- und Überlebenslisten der Chinesen. Bern 1988, Scherz.